平實而寬廣的路——其實也是你
最應當走和最合適走的路。『神
自有美意的安排』，如你母親常
常所說的。

寧作我

唐翼明 著

在滿校園高大的法國梧桐樹下，你的生命開始了一個新的裏程。你終于放弃了幼稚的皇帝夢、莋貝爾夢，你也逃離了監獄和勞改的陰影，踏上了一個人文學者的

中國青年出版社

（京）新登字083号

图书在版编目（CIP）数据

宁作我. 1/唐翼明著. —北京：中国青年出版社，2010.2
（阅江楼清谈系列）
ISBN 978-7-5006-9197-6

Ⅰ.①宁…　Ⅱ.①唐…　Ⅲ.①短篇小说-作品集-中国-当代
Ⅳ.①I247.7

中国版本图书馆 CIP 数据核字(2010)第 022900 号

责任编辑　曾玉立
装帧设计　瞿中华
出版发行　中国青年出版社
社　　址　北京东四十二条21号（邮编100708）
网　　址　www.cyp.com.cn
门 市 部　010-84039659
编 辑 部　010-64010309
印　　刷　三河市君旺印装厂
经　　销　新华书店
规　　格　1/16
印　　张　18
字　　数　300千字
版　　次　2010年3月北京第1版
印　　次　2010年3月河北第1次印刷
定　　价　29.80元

本图书如有印装质量问题,请凭购书发票与质检部联系调换　联系电话：(010)84047104

目　录

● 下　辑

我可以说是一个东西南北之人。祖籍是湖南衡阳，出生在耒阳，十五岁初中毕业就到了武汉，一住就是二十四年。一九八一年春去美国，前后待了十年。一九九零年九月底去台湾，到二零零八年退休，一共十八年。退休以后定居武汉，迄来又一年有半矣。

如果有人问到我的家乡，我会回答说：武汉。不仅因为我在武汉待的时间最长，也因为想来想去我还是最喜欢武汉。我对武汉最熟悉，也觉得武汉最亲切，我青年时代的朋友和学生也大半都是武汉人。虽然武汉刁蛮粗野的码头文化我不敢苟同，然而这刁蛮粗野的背后也自有一种机智侠义的底色，是我所欣赏的。

在地理上，武汉最特别的是她处于中心中国的中心。"中心中国"是我自创的一个名词，指两三千年来中国人口最密集、经济文化最发达、中央政权控制最稳固的一块地区，基本上也就是古人说的"三江"（黄河、长江、淮河）流域。从武汉坐飞机北到北京，南至广州，东达上海，西抵重庆，基本上都在两个小时左右。以武汉为中心，航程两三个小时的这一块地区，也就是我上面所说的"中心中国"。

气势磅礴的长江从唐古拉山山麓过关斩将奔腾而下，到了武汉，又大度地接纳从古中原地带流下的汉水，形成一片浩瀚汪洋的水域。两江之间，夹着三块富饶的土地，于是有了汉口、武昌、汉阳三镇，共同组成中国唯一、天下无双的雄伟的"大武汉"。位于世界第三大河的长江的中游，地处江汉两江交汇之处，四周湖泊星罗密布，这无疑是武汉最优越也最诱人的地方。

长江流经武汉的部分，常人都以为是自西徂东，其实真正住在武汉的人就知道这一段江水实际上是自西南流向东北，长江在这里转了一个大弯。正如李白形容安徽当涂的长江是"天门中断楚江开，碧水东流直北廻"，武汉也一样。所以武昌并非在汉口的南边，而是在汉口的东边。如果清晨你从汉口渡江去武昌，这旭阳正好迎面而起，照在波澜壮阔的江面上，波光粼粼，令人没法不感动。我在二十二岁的时候，有一次清早渡江，正好看到壮丽的日出，写下一首《长江日出》的诗：

万里蓝天一点红，旭阳起自大江东。

金波浩浩千帆过，无限光芒满穹隆。

那时候我还年轻，虽然已经尝到了两次高考落榜的苦果，但对未来仍然充满了无限的希望，英锐勃发之气，洋洋溢乎诗中。十年之后，我尝到了更多的苦果，"文化大革命"将我打进牛鬼蛇神之列，两进牛棚，被囚三载，又是长江激发了我绝不低头、绝不向命运屈服的勇气，一九七五年我写了一首《长江远眺》的诗：

从阳台上俯看长江和江滩公园。（二〇〇九年五月摄于武汉）

苍茫天地阔，开辟一江流。

百折气未减，丘山空阻留。

"百折气未减"，这是长江给我的启示，也是我自己给自己写的座右铭。

我爱武汉，因为在武汉，我可以常常有长江做伴。所以退休以后，我不仅选择在武汉定居，而且特别在汉口长江边上买了一套公寓。这公寓在十六楼上，正好面对长江，过了马路就是江滩公园，所以再不会有任何建筑在我的公寓面前矗起。我可以在公寓里常常俯瞰着浩浩荡荡的江面，我因此将它命名为"阅江楼"。

我的公寓有一个大阳台，这阳台有将近四十个平方米，是我最喜欢的地方。清晨，可以目睹旭日东升，金波浩荡，舟楫往来，朝气勃勃。入夜，对岸是万家灯火，圆月初上，令人想起苏东坡的《赤壁赋》。想起"月出于东山之上，徘徊于斗牛之间"。想起"江上之清风，山间之明月"。真有一种"浩浩乎如冯虚御风"之感。白天坐在阳台上，入目也尽是美景。如果是春天，你看着江上舟桥如画，岸边垂柳成行，江滩公园繁花似锦，燕飞莺鸣，你会知道"春和景明"到底是什么模样。如果是深秋，你看到长空一碧，突然有成百只的大雁排成人字，越江而去，你会想起王勃"雁阵惊寒"之语。即使没有雁阵，只有几只水鸟，你也会想起"落霞与孤鹜齐飞，秋水共长天一色"的名句。

我爱武汉，我爱长江。长江曾经激起我青春时代对美好未来的展望，磨砺我中年时节百折不回的斗志。现在到了晚年，我居然拥有一段长江，"子在川上曰：逝者如斯夫"，她时时警醒我加倍珍惜不多的余年，鼓勇前行，继续赶我的路。是的，我知道，远方还有更神奇更壮阔的大海。

笋、竹、人

　　我的老家多山，山上多竹，清明时节去上坟，带一把锄头，顺便就可以挖一篓笋带回来，一点都不费力。长出地面高过五寸的笋，通常是不要的，因为已经不够嫩。但孩子们却喜欢，可以拿来做玩具，用小刀小锯在上面雕很多花样。若要吃，就要选那些刚冒出地面不久的笋，当然最好是完全没有冒出地面的笋。挖这样的笋，要凭经验。笋尖快要冒出地面的时候，地面会出现一些小小的裂缝，挖笋经验丰富的人，凭这些裂缝就可以判断下面有没有笋，多大的笋，大概要挖多深才合适。这样的笋鲜嫩无比，用水煮一煮，撒一点盐，连油都不要放就香甜得很。

　　以上说的是春笋，但真正珍贵的是冬笋。冬笋则完全长在土里面，还没有开始抽芽，所以不会把地面顶出裂缝来。因而要找到冬笋是一件极难的事，全凭老到的经验，还加上几分运气，才有可能挖到。冬笋之鲜嫩，又过于春笋，是有资格被称为山珍的。吃冬笋的时候，往往是先一层层剥掉笋壳，然后再从正中一刀切下去,把一个弯弯的笋子破成两半,然后再切丝或切片,就看你的需要了。

我小时候,最喜欢看破成两半的冬笋,那样子很像庙里求神的竹卦,只是竹卦是老的,冬笋是嫩的罢了。令我最好奇的就是那些笋子里面,一层一层密密麻麻排着的笋节,看起来有点像一把梳子。雪白细嫩的笋身,加上这一排一排叠着的、微微带点波浪形的笋节,不需要再加任何的雕琢,就是一件绝妙的艺术品。乡下孩子没有什么玩具,树根瓦片就是他们的玩具。儿时的我,最喜欢的玩具,就是这样切开的冬笋,或到春天用长出地面的笋子雕成的各种小器具。我常常会坐在桌边,摆弄这些笋子,久久地观察它们。让我最爱不释手的还是那如梳子一样的冬笋。我觉得没有一样植物的根 (也是芽) 能够长得如此之玲珑剔透,细密生动。我常常用手扒开那些笋节一片一片地数,看它到底有多少节,发现每只笋的笋节都不一样, 十几节、二十几节、三十几节都有。

上了中学以后,不知道从哪一本书上读到 (或者就是《植物学》吧,我读初中时有这一门课),这冬笋的节数也就是它以后长成竹子的节数,如果笋子是三十节,长成竹子以后,就还是三十节,不多也不少。所以由笋的节数就可以算出它长成竹子以后大概有多高。比方说三十节吧,成竹以后,每节一尺,这竹子就是三丈高。如果只有二十五节,那么长大后它就只有两丈五。所以竹子的高矮在它长成笋以后就已经大致确定。我说"大致",因为这只是粗略的说法,实际情况却没有那么简单。因为每一节能长多高,虽然有一个基本的范围,却不是十分精确的定数。如果营养、阳光、水分都很充足,那每一节就会长到它本应长到的高度。但如果营养、阳光、水分,有一样不够充分,每一节就长不到充分的高度。如果三者都不足,每一节的长度就会更短。所以这竹子的

十六岁,读高一。比起三年多前跟着小贩跑

向新民中学的时候似乎成熟很多了。

(一九五八年摄于武汉)

高度还要取决于它长在什么样的地方，有什么样的土壤，是肥是瘠，合不合适；长在什么样的年成，是旱是涝，缺不缺水；长在什么样的环境，根能不能充分地伸延，枝叶能不能充分地舒展，周围有没有其他的巨物遮蔽阳光。还有许多我们没有细估的其他因素，例如虫害、人害（砍伐、移栽）、山火、雷电……所以一棵成竹的高度从笋子的节数可以大致判断，却不能精确算定。某些极端的情况甚至可以导致巨大的差别。例如我们家乡常见的楠竹，如果长在一片肥沃的土壤中，生在一个风调雨顺的年成，又得到充足的阳光照射，并且没有意外的灾伤，最高可以长到七八丈。但如果你把这样一棵竹苗移栽到一个瓦钵里，放在案头上，就算你精心照顾，大约也只能长成高不满三尺的小侏儒。

作为一个生命，竹子的最大愿望就是充分发挥它的生命潜能，把每一节都长到最粗最长最壮，每一片叶子都长到最圆满最苍翠。这样的竹子就叫做完成了自我、实现了自我。至于一棵竹子究竟有没有机会"完成自我"、"实现自我"，一部分取决于这棵竹子生命力是否强旺，一部分则取决于外在的因素，如我前面所提到的。一棵竹子，凭着它的生命本能，努力向上成长，它大概不会想到，它对森林有什么贡献；但是显然的，一棵实现了自我的竹子，对于森林的贡献无疑比一棵没有充分实现自我，甚至半路夭折，或者长成侏儒的竹子要大。这是不用怀疑的。

人也就是棵竹子。

算命

　　你向来不喜欢算命，因为你虽然相信命，却不相信宿命。你觉得人的一生（你当然也可以推而广之到家、到国，甚至到世界、人类）有一定的轨迹，这个轨迹是由无数因素形成的，而这些因素大多非主观意志可以预测、可以掌握，面对这无数因素所构成的轨迹，一个个体的人，除了接受以外，别无他法。这就是你所理解的命或命运。这种态度接近庄子所说的"知其不可奈何而安之（若命）"。这也接近佛家所说的"因缘"，即万事万物皆因各种因素际会交织而成，而这些因素不是人所可以掌控的。这种思想也跟儒家不矛盾，孔子是相信的，尤其是天命，你认为孔子所说的命或天命也是这种由无数复杂而难以掌控的因素所构成的特定轨迹，因而不是个人的力量所可以改变的。因为复杂深奥，所以孔子不常提到命，所谓"子罕言命"，但是他确定这个命是存在的，所以说自己"五十而知天命"，又说"不知命，无以为君子也"。而且他也确定个人的力量无法改变由一定因素所构成的轨迹,所以说"公伯寮其如命何"。又说"道之将行也与,命也;道之将废也与,命也"。但是你不相信有什么宿命,即一个人一生下来就有某种神秘的主宰,把他一生的轨迹已经制定好了。其实原始的儒家和道家也并不认为有什么预定好的宿命,孔子从来没有讲过什么宿命或与宿命意思相近的话("死生有命,富贵在天",这话并不是孔子讲的,而是子夏讲的。而且"死生有命"的"命",也并不一定要理解成能够活到多少岁是先就定好的,而应该理解为生命的问题不是你可以主观控制的),老子、庄子也没有说过。至于佛家你没有什么研究,不敢妄论,对佛家你只取其"因缘"之说,至于民间所讲的"因缘前定"是你所不取的。

因为相信命,所以你相信人生不可规划,你相信三分人事七分天,你认为如果努了力而失败,不必过分自责,而倘若功成名就,也无须扬扬得意,贪天之功以为己有。而因为你不相信宿命,所以你从不放弃努力,从不懈惰,因为那构成命运轨迹的因素也有你自己努力创造的因素在内,同时,因为你不相信宿命,也就不相信算命,因为没有一个现成的命可以算。那由无数复杂而微妙的因素所构成的生命的轨迹,既然非个人的力量所可以掌控,那也就没有任何高明的人,可以预先把它分析出来。

但是世界之大,无奇不有。人的理解力是有限的,人对宇宙所了解的部分跟所不了解的部分相比,可说是微乎其微。所以你虽然如此理解命和命运,却不敢说对自己的信念一丝怀疑也没有。你至少亲自碰到过两桩事情,确乎有点神秘,似可反证你前面所说的观点,好像真有所谓"宿命"这种东西。

第一件事是你母亲告诉你的。你母亲青年时代是一位很前卫的女性,是你们家乡第一个受过师范教育的女子,是你们县里第一个无线电广播员,是你们省里第一个女性国民党省党部委员,而且是最年轻的委员,二十出头便做了小学校长。她说她也从来不迷信,却有一次偶然被几个好友拉着去算命,那算命先生开口便说:"你有两个儿子,肠胃都不好。"那时你跟你弟弟正在拉肚子,这让你母亲吃了一惊,有了好奇心,便听他讲下去。那算命先生居然说:"你大儿子命大,就是把他丢到陌稞子里(你们家乡土话,就是荆棘丛里的意思),也会长成人。小儿子呢,恐怕得出抚(送人当养子之意)才行。"你妈妈说她当时听了又好气又好笑,我的儿子怎么会丢到陌稞子里?我的儿子又怎么可能送人当养子?! 的确,那时你父亲是"蒋总统"的机要秘书,不算侯门,也算清贵之家。这种事情,似乎很难想象。然而稀奇的是,一年后,这位算命先生的话就不幸而言中。你居然被丢到乡下去放牛,砍柴,挨打,挨骂,挨冻,挨饿,只差一点没当了乞丐。不过你也真活过来了,后来又经过许多磨难,也一直没被打倒,像个打不死的程咬金。而你的弟弟也终于不得不送给人去抚养,改名换姓。幸而如此,他活下来了,还活得不错。而你那个没有送人的妹妹,却因一场小小的痢疾便送了命。你母亲说,她至今想不通,那算命先生为何如此神奇?

第二件事情发生在你自己身上。那是一九六〇年的初冬,一个寒风萧瑟的晚上,几个朋友在街上闲逛,碰到一个摆地摊的算命先生,大家起哄拉着去算命。轮到你的时候,那算命先生说:"你这个人啊,现在是龙入浅滩遭虾戏,虎落平阳被犬欺。"这几句话让你窝心,竟然来了兴趣。那一年高考刚过,你以全省最优秀的中学,又是这个中学里大家公认的好学生,却名落孙山(你后来知道,当年你的成绩是全湖北省第二名),满腹怀才不遇,这个先生刚好说中了你的心事,于是你便听着他继续说下去。其中有几个要点你至今还记得很清楚:第一,说你二十五六如逆水行舟,凡事有损;第二,说你年过四十将改换门庭,大吉大昌;第三,说你将有三男二女送天台;第四,说你会活到七十二岁。

你现在不得不承认,至少前面两条大抵没有说错。按中国传统的算法,你二十五六也就是"文革"开头的两年,那正是你大倒其霉的时候,说凡事有损,实在一点也不过分。而一九八一年你去美国留学,那时你刚满三十九岁,按传统算法则是四十。此后拿到博士当了教授,"大吉大昌"虽然说不上,说"改换门庭"还不至于离谱。至于后面两条,也不能说十分荒唐,只不过是尚有待验证而已。你现在有两个儿子,一个女儿,并无婚外子女,要在七十二岁之前再生一儿一女,看来可能性极微。除非认个养子养女也算,那倒还有可能。至于死于七十二岁,那就只能"不予置评"了。不仅你自己,而且任何人,都无法断其必否。你现在已经满了六十七,按传统的算法已经是六十八岁,如果这位算命先生真是无比神奇,那么你就只剩下四五年的生命了。

以你的理智和对命的看法,你没法相信这种铁口。如果命运不是宿定,又如何能够预言呢?即使退一万步讲,真有这种莫名其妙的宿命,那就是爱因斯坦也算不出来,而这位算命先生居然就能够算出来?难道《奇门遁甲》《麻衣相法》《推背图》《烧饼歌》当中,真有比 $E=MC^2$ 更深奥的公式吗?我们的祖先真是如此伟大吗?再退一万步,就算有这种宿命,且有神奇的公式可以算出,那么我们知道了又有什么好处呢?如果是富贵命、长寿命,那就可以不奋斗、不努力、不爱惜、不锻炼身体了吗?如果是贫贱命、早死命,那就该怨天尤人、自甘下流,甚至早早了断吗?看来还是不要知道的好。

所以你不喜欢算命。即使有某些巧合,做饭后谈资则可,认真把它当回事则没有必要。即以寿命而言,你自然有可能刚好活到七十二岁,但也可能活不到,也有可能活得更长,不必胆战心惊,也不必斤斤计较。不过你倒是认认真真地告诉自己,你的时间可能不多了,你得更认

一岁的你和你的母亲。（一九四三年左右摄于湖南）

真地、更积极地活。要做的事（包括享受）赶快做，能今天做的就不拖到明天。还有，这些事必须是你喜欢做的事，也有能力做的事，而且是你真想做的事，因为你没有时间浪费了，你更没有时间去委屈自己敷衍别人了。你向来讨厌说套话、做乡愿，现在更是一句套话也不愿说，一次乡愿也不想当，你已经没时间演这些无聊的戏码了。

你上中学的第一课，是开学前在路上上的。这特别的一课让你一辈子都忘不了。

那是一九五四年八月下旬的某一天，你跟着一个不知名的陌生人，走向一个你连地址都不知道的学校。从天刚蒙蒙亮，一直走到红日西落皓月当空，一共一百一十里路。但是你办到了。

那个时候你十二岁，你住在湖南衡阳一个名叫金溪庙的小山村。那一年，你们村里只有你一个人考上了初中。你本来是没有可能去上的，因为你没钱。你是一个准孤儿。说"准孤儿"，因为你还是有父母，但父母远在台湾。按照那时的术语，你是所谓的"外逃反革命分子的子女"。这其实比孤儿更可怕。你之所以去参加考试，不过是不服输而已，其实你知道，就是考取了，你也不可能去念的。

你还记得那一天参加考试的情形。那是两个多月前，考试的地点在三十里外的渣江镇。所以你也是天蒙蒙亮就起来了，因为三十里路要走四个钟头，考试是十点钟开始，所以你至少五点半就动身了。虽然是夏天,天亮得早,可是因为在山里,所以太阳还没有出来。考两场,一场语文,一场算术。十二点钟考完,你再走四个小时回来。到家的时候,太阳已经偏西了。从五点半到下午四点半,你还没有吃过一口饭,喝过一滴水。你回到家门口的时候,你的伯父正在织畚箕,他抬起头来,冷冷地看了你一眼,一句话也没有说,又继续低下头织他的畚箕。你早已经习惯了这样的冷遇,这样的饥饿跟劳累在你也并非头一遭。你无人可以哭诉,你也不再感到委屈,但你慢慢地下定决心,无论如何你是不会一辈子在这个地方待下去的。

放榜了,你居然考取了,而且是全村唯一的一个。你觉得出了一口气。上不上学这个问题你懒得去想,想也没用。可是事情很奇怪,偏偏有人出来帮你的忙。这个人不是别人,就是你们那个乡的乡长。一天他把你叫去,说,唐翼明啊,我们村里只有你一个人考上了中学,你想不想去念啊?我跟他其实很熟,因为在土地改革时,他是土改工作队的一个队员,是一个读了几年书的小知识分子。他那个时候负责丈量土地、分配财物。你老是跟在他的后面帮忙,牵皮尺,量长短,还帮他计算面积。他那时也不过十八九岁,看来他的阶级斗争意识并不强,居然很喜欢你这个"狗崽子"。所以你也不怕他,就回答他说,想啊,可是哪里有钱去念咧?他说,我告诉你啊,唐翼明,你妈妈现在在香港,你可以让她寄钱来啊,这个我们政府是允许的,因为你现在等于是个孤儿,你妈妈寄点钱来还可以减轻我们国家的负担。你说,我怎么不知道有个妈妈在香港?他说,你妈妈还寄过钱和信给你伯父的。你说你伯父从来没讲过,再说你也不知道妈妈的地址,即使要寄信也没有地方寄啊。他说,等等,土地改革的时候,我们扣了几封你妈妈的信,我找找看。过了一会儿,他果然从一个柜子里找出几封信。看,这不是!你把地址抄下来,他说。你后来果真就照那个地址寄了封信到香港,你很快就收到母亲

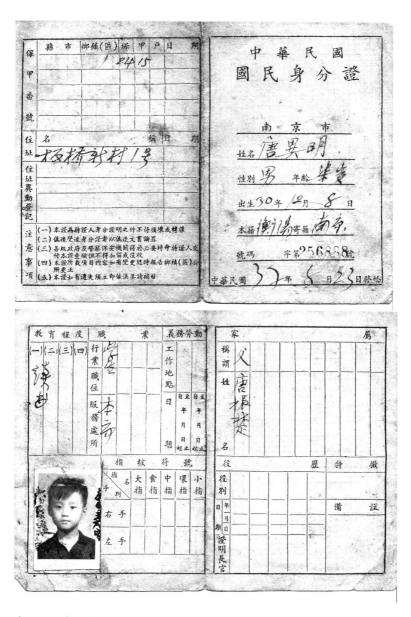

在父母的遗物中意外找出了一张七岁（虚岁）时的身份证，现在有这样身份证
的人恐怕不多了。名字中间的"異"字，是原名，现在的"翼"，是出国后遵父命而
改的。父亲说："加一对翅膀，好飞起来。"

寄来的信跟钱。可以上学了,你喜出望外。你后来常常想,你生命中虽然充满了戏剧性的波折,但好像每当重要的关口,总有贵人出来帮你的忙。这个乡长就是你生命中遇到的第一个贵人。可惜事隔多年,你现在连他的名字都忘记了。

有了钱,你可以上中学了。那个录取你的中学叫衡阳县私立新民中学,听说在离你们乡下一百一十里一个名叫呆鹰岭的地方,那地方离衡阳城很近,只有十来里路。但是要怎样才能找到这个呆鹰岭呢?这你可就茫然了。没有人能帮你的忙。你的伯父不理不睬。因为他有一个儿子跟你一样大,既没有考上,也没有钱去念。他看着你居然可以去念中学,已经窝了一肚子气,还会管你吗?你只好到处问人。幸好有一个"高人"指点你,说,我们村子中间那条小河旁边的石板路是通城里的,有些小生意人常常从乡里收些鸡蛋、山果挑到城里去卖,卖的钱换些针线布头又挑回来,跟农妇们交换鸡蛋,这样来来往往谋些小利。这样的小生意人都要一大早出发,经过那条石板路。你可以起个大早,天没亮就守在路边,看到有这样挑担子的人过来,问他是不是往城里去的,如果是,你就跟在他后边走,就会走到你们学校了。

你那个时候胆子还真不小,果然就照着这个人说的办——其实你不这样办也不行,没有别的办法。总算你运气好,那一天,天还没亮,你守在石板路边,果然被你等到了一个这样的人。于是你就跟在他的屁股后面走。你很快就发现,走还不行,得跑,因为挑担子的人迈的步子比走路的人大,他又是大人,他就是不挑担子,你也很难跟得上他。现在他被担子压得不能不迈大步,你为了不被丢下就只好小跑了。你知道万万不能被丢下,因为不跟着他你就走不到学校。八月的太阳像火一样,你汗流浃背。这还不打紧,麻烦的是,你很快就流起鼻血来了。你小时候火气大,鼻子经常流血,所以你倒也并不害怕。先是一边流血,后来两个鼻孔都流血,连呼吸也困难起来。那挑担子的人也发现了,他可怜你,把担子放下来,带你到一口井边,用井水浇你的后颈脖,血才慢慢停下来。他问你为什么要跟着他跑,你这个时候才有机会把原委讲给他听。那汉子竟然露出一脸佩服的样子,说你将来要中状元。他请你吃了一顿中饭。吃饭后休息了一会儿又跟着他跑,太阳快下山的时候来到一个岔路口,他把担子放下来,指着那条岔路对你说,奶仔(读奶吉,你们乡下的土话,指男孩),你从这条路往前走十多里,就到了呆鹰岭了,我还要继续走那条路到城里。分别的时候他好像有些依依不舍,说,不要怕,你这个奶仔有出息,将来中了状元不要忘了我啊。你点了点头,就背着你的包袱往那条岔路走去了,心里想,又遇到一个好人。你现在已经忘了当时走了多久,什么时候到的学校,只记得第二天早上起来,两条腿都肿得好大。

这就是你进中学前上的第一课。你从此知道,人生的路是要靠自己走出来的。你也从此知道,这个世界上到底还有好人,只要你自己努力,总会有人肯帮你。

在老家的最后一个除夕

你记得你在老家度过的最后一个除夕是一九五四年的寒假，到现在已经五十五年了。那一年秋季，你进了县里的一所私立中学，叫新民中学。学期结束以后，大家都背起背包回家过年。你似乎也没有别的选择，便也背起背包回到了一百一十里外的老家金溪庙。迎接你的还是伯父伯母那两张冷脸，你虽不觉得愉快，但也没感到意外，一切都很自然。他们有一个跟你一样大的儿子，却没有上学而留在家里种田。你不能指望他们有好的脸色给你。不久就到了除夕，那一年，政府分配每一家农民两斤猪肉过年。除夕那天早上，家家户户都派一个人到小镇上去领肉，你的伯父便派了你跟你同龄的堂弟一起去。堂弟领他家的肉，你则领你家的肉。

你不是住在你伯父家吗？怎么会有一个自己的家呢？但这是确确实实的。在法律上的确如此，虽然说起来有点滑稽。

一九四九年春天，当你父母叫保姆护送你们兄妹三个到老家交托给伯父的时候，你伯父家一下就从四口人变成了七口人（伯父家除了堂弟以外，还有一个比你大几岁的堂姐）。一九五一年土地改革的时候，按当地的标准，平均每个人拥有二十亩以上的土地，才算地主。你伯父家有八十多亩地，七个人平均下来，顶多算个上中农，达不到地主的标准。但是当地一些农民却眼红你伯父家的土地和财产，如果不能划成地主，他们就不能瓜分这些土地和财产。土改工作队便想出了一条妙策，把你跟你弟弟和妹妹（那时你弟弟还没有送人，妹妹也还没有病死）三个从伯父的户口上划出来，另成一户，理由是这三个小孩年纪很小（的确是很小，你那时九岁，妹妹七岁，弟弟四岁），而且刚回老家不久，没有参与剥削，所以不应划为地主。这样，伯父那八十多亩地，除以四，刚够地主标准，也就可以分田分财了。我们这一户则因为名下没有土地，便成了贫农。这件事让人哭笑不得。一个国民党高官的儿子，理应是"狗崽子"，现在却有了一个"贫农"的光荣称号，虽然这个光荣的称号除了让你们在土改时分到了两亩七分地（当时你们家乡土改时每人分田九分）和一间屋子（那屋子本属于你伯父）以外，并没有给你们带来任何好处。

不过，在年关分肉时倒可以沾一点光，因为你也可以分到两斤肉。那时候你弟弟已经送人，妹妹已经去世，你拿了这两斤肉当然是交给你的伯父，这样你伯父一家就有了四斤肉，比别人家里多出一倍。你伯父想来对这一点应当是满意的，可是你怎么也没有料到，这件事却给你带来了极大的羞辱。当你把这两斤肉交给伯父的时候，你伯父把肉拎起来，对着窗户射进的阳光仔细瞧了瞧，马上就一脸怒容，破口大骂："你这买的什么肉？这里面这么一大块骨头你都没有看到吗？你连选肉都不会选吗？"他接着说出了你第一次听到，也一辈子忘不了的八个字，他说："'人不为己，天诛地灭'，你连这个也不知道？"他拎着那块肉,对着你的脸甩过来,说:"你马上给我去换!"你是一个自尊心很强的小孩,你无法接受这件在你看来是极丢脸的事,所以你坚决拒绝去换。你伯父恼羞成怒,连着打了你几个耳光。你也恼羞成怒,提着这块肉头也不回地出了门。你伯父以为你去换肉,你却把肉挂在门前禾场的树丫上,你就坐在旁边的禾草堆里,再也不回去了。羞辱、委屈、愤慨、伤心,连同身世之感、父母之思,从四方八面涌来,两行热泪在朔风中渐渐变冷,快要结成冰了。你堆起一堆柴火,烧起一个火堆,你下定决心,这个除夕就在禾场上过了。夜色越来越浓,朔风越吹越带劲,肚子饿得发痛,身上冷得发抖,但你的自尊心和你倔强的性格使你宁可冻死,也不肯再回去。你燃起的火堆终于引起了邻居的注意,一位大婶走过来,问你原委,叹息着说:"可怜的奶仔,走,到我家里去。"结果那一年的年饭就是在她的家里吃的。那一个晚上,你也睡在她的家里。你在床上翻来翻去,一个主意在你的心里打定了:明天就回到学校里去!而且永远再不回来!不论前面等待你的是什么,哪怕刀山火海,你也绝不回头,再不回到这个叫做金溪庙的老家了。

你做到了。五十五年过去了,你没有回过老家一次。那里的山水其实不错,但就是不曾出现在你的梦中。

其实你早就宽恕了你的伯父,自私、愚昧,本是人的常态,何况是一个在土改中被打成地主的人。事实上,你甚至很感谢他,不是他那几个耳光,你不会这么愤然地勇往直前,义无反顾,不停地往前冲,冲向武汉,冲向纽约,冲向台北。你就是在那野蛮的耳光打得你两眼金光直冒的那一刻,下定了决心,走!能走多远就走多远!去寻找一个文明、自由的世界!

抓鱼摸虾的乐趣

我一九五五年早春离开老家，至今五十五年了，再也没有回去过。而且也并不想。因为除了屈辱与痛苦外，老家实在没有给我留下什么好印象。日前友人邀酌，去的地方靠近长江边，号称"江虾江鱼第一家"。侍者端上一盘油炸的小鱼小虾，我突然想起小时常吃的泥鳅，一问之下竟然没有，令我大失所望。由此想起老家的一些好处来。

我的老家在湘中丘陵地带，农作物以水稻为主，不仅青翠的丘陵间是一方一方的水田，而且不高的山坡上也常常像叠饼一样的堆起一湾一湾的梯田。虽不及广西苗家彝族的梯田（例如龙脊梯田）那么雄伟壮观，却也具体而微。这大大小小各式各样的水田不仅是家乡老百姓的主食来源，也是他们的副食产地，并且也是孩子们的乐园。春天插秧的季节，一望是无际的青苗，微风吹过，绿波荡漾，令人想起陶渊明的"有风自南，翼彼新苗"的诗句，固然是美景无限。到了夏天，苗高齐胸，谷穗新熟，又给人一片欣欣向荣的感觉。秋天稻熟，一片金黄，丰收在望，衣食有着，自然更令人兴高采烈。即使到了冬天，田里只留下一片稻茬，也有一股自然潇洒之美。不久就准备春耕，畦畦水满，涟漪成文，则又是一番充满希望的景致。

少年时代的我，水田是最常去的地方，也是最喜欢的地方。春天最好玩的是捡田螺，夏天最好玩的是抓泥鳅，秋天最好玩的是挑蚌壳，冬天最好玩的是挑着松香灯啄小鱼。这些乐趣，其实也都跟好吃有关。我们乡下是很少吃肉的，虽然几乎家家都养猪，但猪是用来卖钱的，自家只能在年终杀猪时留下一点点做年菜，百分之八十是要换钱，作添农具、买种子、购肥料之用。家家也都养鸡，但鸡是用来生蛋的，蛋也是要用来换钱的。除了招待贵客之外，自家也通常是不吃鸡蛋的。要改善伙食，主要靠在水田里摸田螺蚌壳、抓鱼、抓虾。鱼虾蚌壳田螺味道鲜美，尤其是鱼汤泡饭，极好下口，嗖嗖几筷子，便全到了肚子里。那是小时候的我极向往的境界。

捡田螺的季节最好是春天，当水田灌满水还没有插秧的时候。时间则必须选在清早，天刚蒙蒙亮，太阳还没有从山后升起，这时候田螺们一个个爬出来躺在泥巴面上，在清水中吸纳天地之精华。小孩们卷起裤脚，腰间绑着鱼篓（一种用竹编的容器，口大颈小，肚子更大，形似梅瓶，不过是扁的），下到水田里，只需弯着腰，把田螺们一个个捡到鱼篓里就行了。如果运气好，一个早上捡个半篓子田螺是不成问题的。田螺的吃法是先用水煮，熟了以后用针把田螺肉挑出来，去掉前面的软壳和后面的肚肠，再用紫苏和水煮，即鲜美异常。如果不缺油，则炒食也可，另是一番风味。

抓泥鳅的最好季节则是夏天。稻子已经长高，正要抽穗或刚刚抽穗，田里的水还是满满的，但太阳已经晒不到，泥鳅们最喜欢在略温而阴的水里游来游去。而且常常停在水里不动，像一艘小小的潜水艇，孩子们轻手轻脚地下到田里,看准了飞快地用两手一捧,就可以抓住一条泥鳅放进鱼篓。小泥鳅的吃法通常是用热锅干煎,但如果泥鳅肥大(最大的可到十五公分长,两个指头宽),也可以用来水煮或氽汤,也以加紫苏为好。听说有一种最高级的吃法,是把泥鳅养在清水里,两三天之后待肠胃里的杂质吐尽,再养在装满豆腐和鸡蛋的盆里,泥鳅在里面穿来穿去,肚子里灌满鸡蛋跟豆腐,再拿来煮食或氽汤,则其味鲜美可以想象。可这是大富大贵的吃法,农村的孩子哪有这种口福?我如今虽"贵"为教授,游遍四海,尝尽中西美味,独独这种食泥鳅的办法仍未试过,至今以为憾事。不过我小时候却跟我的娃娃朋友们发明了一种奇特的泥鳅食法,不见经传,不见食谱,但确实令人难忘。那食法是乡下野小孩比胆大的招数,城里文明人可能不敢尝试。办法是先比赛抓泥鳅,大家下到水田里,看谁最先一手捧起一条泥鳅来。接着是比吃泥鳅,看谁敢把手中那条泥鳅连水生吞下去。我那时常常是比赛的优胜者,靠的是眼尖手快胆子大。当那滑溜溜的泥鳅从嘴巴钻进喉咙,沿食管而下,真是"两岸猿声啼不住,轻舟已过万重山",泥鳅在胃里扒它几下,然后就安息了。这种吃泥鳅的办法趣味胜过美味。后来留洋赴美,第一次吃日本人的"sashimi"(生鱼片),有些朋友不敢下箸,我却毫无难色,因为跟小时候吃生泥鳅相比,这不过是小儿科罢了。

挑蚌壳的季节则最好是秋天割稻的时候。田里的水已经放尽,蚌壳们害怕毒日,一个个钻进泥巴里,却在泥巴表面留下了一个个扁扁的小洞。孩子们准备一根削好的竹片,很容易就可以将它们挑出来,往往是大人们在前面割稻,孩子就在后面挑蚌壳,同时一边拾稻穗,蚌壳稻穗都装在腰里系着的鱼篓里。运气好的话,一个下午可以挑到满满的一篓,再加上一两斤稻穗。蚌壳可以煮食,稻穗可以换麦芽糖,都是让孩子们高兴得合不拢嘴的事情。蚌壳的食法跟田螺差不多,也是先用水煮，待蚌壳开口，再把肉挑出来或炒或煮，味道不亚于田螺。到城里之后，只吃过蛤蜊（此物台湾尤多），但蛤蜊比起我们乡下的蚌壳来实在是小巫见大巫。不仅个小，味道之鲜美也似乎不如远甚。只有在欧美海边常常可以吃到的mussel（据说即中国广东人吃的蚝）差可媲美。

抓小鱼的最佳季节则是冬天。要在夜里进行，且必备两样工具，一是用铁丝编的吊篓，里面放满上好的松木（松油很多的那种）片，用火点起来不怕风吹，这样才可以用来照见水田里的小鱼。另外一件工具，是在一个长条的竹片（竹片取其有弹性，木头则不行）的顶端钉上两三排钉子，钉尖向外，看起来像个放大了一百倍的牙刷。冬天的夜间，鱼儿们常常静静地悬浮在水中，孩子们（当然也常常有大人）提着松火照明的灯笼，在田塍上一边走一边观察，看见了鱼，便用手中的铁钉制成的大牙刷猛地啄下去，再挑起来，那可怜的小鱼就被钉在十字架上（罪过罪过，阿门！），再用手取下，放在鱼篓里就成。这种捕鱼的方法虽然残酷，却也有乐趣，跟猎人打猎差不多。用这样的方法当然也可以捉到泥鳅，但我印象中捉到泥鳅的机会远比捉到小鱼的机会少，也许泥鳅比较怕冷，冬天不大出来活动吧。偶尔还可以捉到黄鳝，不过千万要注意的是别把一条水蛇当做黄鳝，那就有点不妙了。

抓虾子则要用别的办法。虾子通常躲在田边的草丛里或者小河边的洞穴里，要用一种又像鱼篓又像畚箕的工具，慢慢靠向岸边，然后用一种特制的竹耙去搅动，那晕头晕脑的虾子们就在浑水之中误撞到鱼篓或畚箕里。俗话说"浑水摸鱼"，但以我童年的经验，说"浑水抓虾"可能更贴切一些。

这些童年的乐事，青年时代还常常想起，最近却有很久没想过了，难道真如孔子所说"甚矣吾衰矣，久矣吾不复梦见周公"了吗？有时看着孙辈玩拼图、玩电脑、看卡通、开遥控小汽车,觉得比自己小时候实在有钱得多,却并不羡慕。一代有一代之风华,也一代有一代之游戏,真所谓此一时也,彼一时也。如果让我选择,在游戏方面我还是觉得抓鱼摸虾要有趣得多。当然,饿肚子是不要的。

乡下孩子的点心

　　城里的小孩不愁没有点心吃，现在中等以上的家庭发愁的不是没有点心，而是点心太多，怕小孩子贪吃点心而影响正餐，又怕点心里糖太多、油太多、添加剂太多，会有副作用。看到女儿给外孙买点心时，那种不问价钱精挑细选的态度，每每令你感慨，常常想起儿时关于点心的种种。

　　你在七岁前多少也可以算是个贵公子，你手边有一张六十年前的旧照，是你妈妈抱着你们兄妹三个在照相馆里照的，当然是黑白照，不过已经发黄了。你穿着毛衣，吊带裤，脚上穿着一双小皮鞋，梳一个油油光光的小西装头。妈妈也烫了发，应该是那时很摩登的式样。听你妈妈说，你小时候长得白白胖胖，活泼可爱，三岁时居然还得过湖南省少年儿童健康比赛的第一名。那时的湖南省省长是何键，你父亲当时是省政府法制专员，你母亲是国民党湖南省党部委员，所以你现在推想起来，这第一名其实也只能说是近水楼台先得月，顶多算个省政府子弟健康比赛第一名。

但好歹是个第一名，如果在台湾参加竞选，大概也可以写进履历表中。你妈妈说，你那个时候很逗人喜欢，学校的女老师都争着抱你，每个人抱着都不肯放。你倒是怀疑，你小时候未必那么好玩，你母亲是那个学校的校长，这些女老师也许只是借机拍马屁也不一定。但你妈妈说那是真心的，因为她每次抱你经过街上，沿途都会有小贩要塞给你糖果点心水果，不肯收钱。你后来读《世说新语·容止篇》中说："潘岳妙有姿容，好神情。少时挟弹出洛阳道，妇人遇者，莫不连手共萦之。"孝标注又引《语林》曰："安仁至美，每行，老妪以果掷之满车。"你简直怀疑你妈妈是不是照着这个故事编的，但你妈妈不是一个喜欢编故事的人，又向来讨厌自夸儿女，所以看来这故事应当有几分真。你倒是还记得几个镜头，那是四五岁的时候，你常常被保姆或校工抱着出去玩，每出去常会去一家药店转一转，据说那药店的老板就是你妈妈任校长的衡阳市临江小学的董事，你还记得他姓陈，胖胖的，脸上老堆着笑，每次保姆或校工就把你放在药店的柜台上，那姓陈的董事长就会从药柜里拿出一包糕点来给你吃，你还记得那糕点是白色的，一薄片一薄片地叠在一起，名字叫"肥儿糕"。这印象很清晰，不会有错。总之，你至少七岁以前是不缺少点心的，这大致可以肯定。

一九四九年早春，你被送回老家金溪庙，美好的日子就整个儿翻了一个兜。从那时开始到一九五四年你离开金溪庙去上中学，五年之中，你没有吃过任何买来的点心，你身上也从来没有一分钱可以自己去买点心。离你伯父家一里远的小街上只有一个小杂货店，柜台上摆着几个玻璃缸，里面放着一点花花绿绿的糖珠子，是没有包纸的那一种，现在小孩大概见都没有见过。也有一缸饼干，黄色的，很厚，也很大，跟现在的也全不一样。还有一缸叫做"发饼"的点心，也是黄色的，上面还盖着红色的印，那算是最上等的东西了。你偶尔从小街上走过，不大敢仔细看那些缸子,怕口水流出来。

　　不过,倘若说你们老家的小孩完全没有点心吃,那也不是事实。乡下小孩只是没有从街上买的点心吃(当然富家子弟例外),却有自己家里做的点心,哪怕是最穷的人家,也总会做一点小东西,偶尔给孩子们嚼嚼。你们家乡出红薯,所以红薯做的农家点心花样最多,最简单的就是把红薯切成薄片晒干,然后再放进热砂(最好是铁砂)里炒熟。精致一点的,是把红薯蒸熟,剥去皮,捣烂成泥,再阴干,切成豆腐干一样的块状(形状大小可以随心所欲),再去炒,这样炒出的薯干就比前面那种薯片好吃得多。但我以为最好吃的一种,是把红薯煮熟,去皮,再切成橘瓣似的长条,再阴干,阴干后又在表面淋一层米浆(就是把米汤熬浓),米浆里放一些小小的橘皮丁,以增加香味,再晒干,再蒸,一直到这些橘瓣似的红薯条变成半透明状,再晒,使它表面紧缩。这样的红薯干你们乡下叫做"神仙薯"。那味道又香又甜又耐嚼,其美无比,神仙吃了也不会忘记,叫神仙薯真不为过。离开家乡几十年,你再也没有机会吃到,一直念念不忘。后来到了台湾,有一次去阿里山,在山顶的小店里居然买到类似你们家乡的神仙薯。你大喜过望,不管价钱,就买一袋,立刻撕开精美的包装纸,放在口里大嚼起来。但不知怎么的,虽然唤起了你儿时的记忆,却怎么也赶不上你记得的味道。其实你心里很清楚,台湾的红薯绝对比你家乡的红薯品质好,阿里山薯条的制作也绝对比你家乡的神仙薯更精致,但为什么就没有那个味道呢?

　　做神仙薯的办法同样可以施之于南瓜,也是把南瓜先蒸熟,阴干,切片,上浆,晒干,再蒸,再晒,不过那味道毕竟赶不上神仙薯。但有些俏皮的媳妇会把整个南瓜横切成一个大圆圈,这样做出的南瓜干则可以套在小孩的脖子上,凭空增加许多趣味。

　　除了红薯南瓜,你们家乡盛产大米,所以米也是做点心的重要原料。最简单的当然就是炒米,你们乡下的炒米跟后来在城里看到的米花差不多,但制法和味道都不同。炒米是把米饭,尤其是每天没吃完剩下的米饭晒干,放在一个陶制的坛子里,等到积累到一定数量,就倒出来放在铁锅里炒,炒熟了就可以吃了,而且可以装在坛子里慢慢吃。这种炒米比城里的米花硬实,有嚼劲,似乎也更香甜。你们乡下过年过节时常把这种炒米放在茶里,再加上几个红枣来待客,有点像客家人的"擂茶"。湖南乡下很流行这种茶,有的还在里面加上干生姜片、橘皮之类的东西。听说湘西的苗族、土家族也有类似的吃法。

大米做的点心你以为还是米粑最好吃。米粑的花样很多,大体上都是把米磨成粉,和水做成圆形,最粗糙的是用手捏,讲究一点的则是用模子压成。那模子通常都是木头做的两块有柄的像手镜一样的东西,前端做成圆形,挖空,精致的还刻上图案,把米粉团压进这圆槽里,两块对准压紧,再磕出来蒸熟,晒干即成。吃的时候先把这样的干米粑泡在水里,几个钟头后再捞出来,或煎或烤,如能加点糖,就更好吃了。农历过年时节,一家人围坐在柴火熊熊的火塘边,一边聊家常,一边烤米粑吃,这就是乡下人最快乐的时刻了。这种米粑一般由黏米做成,但最好加点糯米粉或高粱粉,口感就会比较好。还有一种纯粹用糯米做成的米粑,这种米粑通常不用模子做,因为糯米粉团会粘在模子里磕不出来,所以要用手搓,个子也比较小,形状也不那么统一,这种米粑你们乡下有个特别的名字叫"biǎng-粑",这个biǎng字你始终不知道怎么写,普通话里连这个音节都没有。这种"biǎng-粑"味道最好,在你们乡下算高级食品。你后来到了湖北,觉得湖北人吃的糍粑差可比拟,但似乎也没有你们家乡的"biǎng-粑"好吃。

在各种米粑中,你印象最深的,或者说你最钟情的,是桐叶粑。这桐叶粑的做法跟其他米粑没有什么两样,只是把和了水的米粉团用一

宁作我

027

片大的桐叶对折包起来,然后放到锅里去蒸,蒸出来的米粑就带有浓浓的桐叶香。而那形状尤其可爱,白白的半圆形,有点像一颗心,如果用来做情人节的礼物应该是很合适的吧。还有一种春菜粑,是用一种春天地里长的野菜（不是荠菜）切碎加在米粉里做成的,味道也很特别,真好像有一种春天的味道。你后来到台湾,吃到一种叫做"碗粿"（粿,普通话音"果",米食也。但台湾话里却读作"贵",不知何故）的小吃,与你们乡下的桐叶粑、春菜粑有点像,但那味道似乎也差得远。

你每次打开鞋柜，都想来一次精兵简政，因为你觉得，作为一个男人，十几双鞋子实在是太多了，也没有必要。如果是女人，自然又当别论，据说菲律宾的总统马科斯的夫人就有三千多双鞋子。许多时髦的贵妇人，有几百双、上千双鞋子的，大有人在。但是一个男人，有三五双鞋子也就够了，要那么多干什么呢？可是你虽然这么想，每当真要"精兵简政"的时候却又下不了手，因为每一双都是好的。有几双虽然已经买了十来年，但还可以勉强叫做半新，因为你实在穿得不多。有一双虽然后跟已经补了两次，但鞋面还是完好，而且是在法国旅行时买的，怎么可以丢呢？有一双是麂皮的，样子像平口布鞋，鞋底是一整块很高级的塑胶，那是在日本北海道买的，当时因为脚上穿的皮鞋不便走路，临时买了这双比较轻便的鞋，但是结束北海道之旅，你就再也没有穿过了。可是那么结实、那么完好的一双鞋怎么可以丢弃到垃圾箱呢？有一双硬底的皮鞋，走在水泥地上嗒嗒地响，如果是个女人，响声是从脚上的高跟鞋发出的,她就会把胸部挺得高高,自我感觉良好,可你一个男人,实在觉得有些招摇,所以你买回来之后也就很少穿它。可这是一双在意大利买的皮鞋耶,何况又这么新,虽然放了十一年,可连一个霉点都没有,又怎么可以丢呢? 光球鞋你就有三双:一双是买了之后略嫌有点紧,本来是为爬山买的,可下山的时候鞋尖每每把脚指甲夹得生疼,一共只穿过两次就放到一边了;另外一双是专门在室内踩跑步机用的,现在跑步机留在了台北,鞋子却带了过来,自然也就用不上了;另外一双是真正的名牌NIKE,你对名牌从来没有什么特别的兴趣,可这一双是NIKE在中国的总代理人 (他是你哥伦比亚大学的同学) 亲自送你的,它的做法很特别,鞋底的前部是倾斜的,据说是便于跑步,可你又不喜欢跑步,于是也弃之一旁,几乎没有服役的机会。你想来想去,这里面的鞋双双有来头,哪一双是可以扔掉的? 可鞋子这玩意儿又不是糖果,好像也不便送人。

其实你常穿的只是一双鞋,其他的鞋都是服后备役的。你真要下决心“精兵简政”,丢了也就丢了,对你没有丝毫影响。你每次下决心要丢,末了你总是不忍心,于是这些老朋友就始终待在那个拥挤的鞋柜里。

你并不是一个天性吝啬的人,甚至连节俭也谈不上,你之不肯丢掉这些老朋友,实在是另有他因,只是你不肯承认罢了。这里用得上弗洛伊德的学说,在你的潜意识中对鞋子有一种特别的珍惜,每当要丢鞋的时候,潜意识就出来干扰,让你下不了手。而前面那些冠冕堂皇的借口不过是你不肯丢鞋的潜意识以一种伪装的面貌出现罢了。如果你不说,没有人会知道你幼年时期关于鞋子的这一段特别的经验和记忆,甚至连你自己也已经很久不去想它了。但它如此顽固地赖在你的潜意识里,现在你终于明白,每次你的“精兵简政”的措施都无法付诸实行,实在是它在作怪。

当你七岁离开父母被送到乡下伯父家里时,你记得你有大大小小几双布鞋,那大概是母亲为你准备的。随着年龄的增长,你依次把那几双鞋都穿破了,到十岁的时候,你只剩下最后一双。你这时也开始懂事了,知道这双鞋的珍贵,也知道再也不会有新鞋可以替补了。所以你一年四季都尽可能打赤脚,或顶多穿一双乡下人打的草鞋。你打赤脚去扯猪草、去放牛,你穿草鞋去割草、去砍柴,有时候草鞋穿破了,又没有新的草鞋可穿,你就打着赤脚去割草、去砍柴。脚板被草根、树桩、蒺藜刺破,割开一道道的口子,是常有的事。你们那时当然没有什么碘酒可涂,更没有什么创可贴可贴,创可贴那时候还没有发明,就是发明了也不是乡下的孩子可以买得起的。你们那时对付这种事情的办法,是在田里抓一把淤泥,用力涂在伤口上,现在想来真是有点野蛮,但似乎也没有发生什么发炎、溃烂的情形。不过你记得有一个邻居的大叔,脚上的伤多年不愈,夏天的时候常常有成群的苍蝇围着伤口飞来飞去。你可能是因为年轻,机体活力强,所以总算幸运,没有碰到这么倒霉的事。

那双宝贵的布鞋你是绝对轻易不穿的,仅仅在上学的时候你才穿上。因为你不能光着脚丫去上学,也不能穿着草鞋去上学,那会被人瞧不起,而你又偏偏是一个自尊心很强的小孩。但饶是这样,这双布鞋还是慢慢穿旧了,穿破了,到后来竟然两个鞋底都磨穿,脚心的地方磨出了两个洞。幸而那双鞋做得结实,所以框架还好,很长一段时间你还是可以穿了这双底上有洞的鞋去上学。因为老师和同学的眼光从上面看下去是看不出来的,你也就不会丢脸了。

可是让你很烦恼的是,在冬天上课的时候,你的脚踩在潮湿而冰凉的地上(你们的教室是没有什么水泥地板或者木头地板的,泥巴就是地板），因为鞋底破了洞，你的脚板就直接贴在泥巴上，那刺骨的寒气就从脚板心钻进来。本来衣服就不够暖，再加上这彻心的寒气，你常常冷得直发抖。可你的脚又不能悬起来，所以除了咬牙坚持，实在也没有别的办法。不过你还真有点小聪明，你后来终于想出一个法子来。你从字纸篓里找来一些废纸，一张张抹平，垫在鞋底里面，这样一来，脚心就不会直接挨到地面了。那些废纸如果多一点，甚至还会有些温暖的感觉。你为此大为高兴，很欣赏自己的小聪明。只是有一点让你苦恼，因为这往鞋底垫纸的事，只能偷偷地背着老师和同学做，否则就未免太丢脸了。于是你从此每天都赶在同学还没有进教室之前，早早来到学校，把字纸篓里的废纸挑拣出来抹平，把它们塞到鞋子里。你就这样熬过了两个冬天，直到小学毕业。

上了中学以后，你母亲开始寄些钱来，你的经济状况略有改善，再不要穿破鞋去上学了。但你从此养成了珍惜鞋子的习惯，一双鞋子不穿到实在不能穿的地步是不会换新鞋的。再到后来，你终于有了更多的钱，不需要把一双鞋子穿破再买新鞋，可是那没有穿破的旧鞋你总舍不得丢。因为不合脚而没有穿旧的鞋，自然更有理由把它们留下来。这样一双一双地积起来，你便有了许多旧鞋。新兵源源不断，老兵又不退役，居然就有了一个加强班的鞋子部队了。

这些童年的往事，想起来太不愉快，你已经多年不去想了。不料它竟积淀在你的潜意识里，每当你想丢鞋的时候，它就出来说"No"。

现在你明白了吧，你的"精兵简政"的政策为什么会贯彻不下去，既非小气，也非道理不明，而是潜意识在阻挠，不然你想想看，为什么你从台北搬到武汉，丢了那么多东西，而居然把这十几双臭鞋子装了满满的一纸箱，漂洋过海。算了吧，你就把那些老朋友留在鞋柜里吧，你永远也别想抛弃它们。它们会一直忠实地跟着你，也会一直给你温暖的安慰,使你免于鞋子匮乏的焦虑。不要争辩,说你现在的钱已经多到可以买几百双鞋子，你要明白，不管你将来如何富裕，没有鞋子穿的恐惧已经深深地扎根在你的潜意识里。它将是你一辈子挥之不去的梦魇。

妹妹的死

你童年时代最伤心的一件事是妹妹的死。

你妹妹只比你小一岁多，入学时，你六岁，她五岁。一九四九年年初，你七岁，你妹妹不到六岁，一起被寄养在伯父家里，同时进了当地的乡村小学，在同一个年级读书。于是，这个年级的头两名往往就被你们兄妹俩包了，有时候你第一名，有时候她第一名。你甚至觉得妹妹比你还要聪明，记性比你还要好。你妈妈曾经告诉过你，说妹妹在两岁的时候，就已经能够背很多首唐诗，并且会唱很多首民歌了。

一九五一年，你的家乡搞土地改革，你那个时候不到十岁，妹妹八岁，弟弟四岁多。最滑稽的是，你和弟弟妹妹被土改工作队从伯父的家里分离出来，单独划为一户，成了"贫农"。伯父被捉去关起来，挨斗、被打、自杀（没死成），当然就不再管你们了。于是你不到十岁就成了一户之主，要带着八岁的妹妹跟四岁的弟弟一起过活，那辛酸与狼狈就不

你母亲抱着弟弟浩明,左下角是你,右边是妹妹漱明。

(摄于一九四八年儿童节)

必说了。在一个熟人介绍之下，弟弟终于被送出去做了别家的养子，剩下你和妹妹相依为命。

你们兄妹在土改中分到一间房子，其实也就是伯父几间房子中的一间，当然是最不好的一间。因为好的已经分给别的贫下中农，你们虽然也有"贫农"的称号，但骨子里的"狗崽子"身份其实是虚假的"贫农"二字所遮盖不住的。那是一间靠山坡的房子，后门推开就是一道山泉，满坡都是青草绿树，伸手就可以摘到树叶，扯到野草。墙是手制的土砖砌的，不但透光，而且透风。但最叫人受不了的是潮湿，床板上垫的稻草（你们兄妹两个就睡在稻草上）都常常是水淋淋的。你自小好强，讨厌自贱自怜，但那间房的确跟猪圈没有多大差别，这是好强的你至今想起来也不得不承认的。靠墙平行地放着两块大土砖，在两块土砖上搁着一个厚厚的用生铁铸成的鼎锅，这鼎锅是乡下人安在土灶上用来温水的，炒菜的大铁锅则通常是熟铁，比较薄也比较大，安在土灶的中央。但是你们兄妹在土地改革的时候并没有分到炒菜的锅，只分到一口这样的鼎锅，何况你那房子里也没灶。也许土改工作队跟当地的农民认为你们根本就不需要灶，也不需要炒菜锅，因为虽然你们分出来单成一户，但你的伯父伯母总不至于就对你们这几个不满十岁的侄儿侄女不问不管了吧。他们哪里想得到，你的伯父伯母早就把你们兄妹视为累赘，而现在他们被打成了地主，你们兄妹倒成了贫农，"家庭矛盾"又加上"阶级仇恨"，他们怎么会再管你们呢？

人的适应力实在强，你们兄妹俩一个八岁，一个九岁多，居然也就学着自己煮饭来吃。就在那厚厚的鼎锅里，放一把米，放一瓢水，捡一些柴火塞在鼎锅底下烧。因为那不是灶，柴又不干，所以火特别难燃，你永远记得你跟妹妹两个人如何轮流地把脸贴在地上，用嘴巴去吹那奄奄欲熄的火，满屋都是浓烟，呛得你们喘不过气来。费了九牛二虎之力,煮出来的饭还是半生不熟。菜是没有的,在饭里倒一杯水,撒一点盐,囫囵地吞下去,便是一顿饭。那时你们还在上学,能吃一碗这样半生不熟的饭赶去上学,已经不错了,很多时候是连这样的盐泡饭也没有吃,饿着肚子就背着书包上学去。放学回来,又趴在地上去吹火,又同样费了九牛二虎之力,两眼流着烟熏出来的泪,和着半生不熟的盐泡饭,狼吞虎咽地塞那饥肠辘辘的肚子。然而你们没有理由当然也没有资格抱怨,因为在你们那个穷乡僻壤,连野菜稀饭都吃不饱是司空见惯的事。如果有一天你因为放学回来为邻居砍柴放牛,而得到一碗饭还加一点菜,那你们兄妹两个就会喜笑颜开,算是打了一个牙祭。

你是那种生命力特别顽强的人,算命的说,你是即使被扔在荆棘丛中无人管也死不了的那一种。可你的妹妹却很瘦弱,从小就文静非常,有一个饱满而高的额头,一双大而明慧却略带怯意的眼睛,配上一个瘦弱的身子。你长大以后看到书上画的李清照像,觉得妹妹很像李清照。妹妹终于病倒了,也不是什么大病,就是拉肚子,或说痢疾,如果是现在,几块钱的消炎片、止痢片就可以治好的,但在当时的湖南山村,又处在你们那样的境况,就是一点办法也想不出来。开始一天拉两三次,后来是四五次,再后来是十几次。你的伯母不知道从哪里听来一个偏方,说是用七个生锈的铁钉同一把野柴尖(这种野柴你们家乡土话叫nao-ji-lang-zi,不知道可不可以写作"捞鸡榄子")煮水喝可以止痢,但喝下去后妹妹的痢疾却越来越严重,一天竟可以拉到二十几次。你至今恨死你那个有一张巫婆脸的伯母,你以为不喝那锈钉汤妹妹是不会死的。

于是你从此每天放学回来,放牛回来,砍柴回来,就多了一桩事,那就是扶妹妹坐在马桶上去拉肚子。你的家乡是一个与世隔绝的小山村,那里的老百姓很少读书认字的,民风剽悍而粗野,骂起人来尤其没有忌讳，"死鬼"、"该死的"、"屙血的"、"砍脑壳的"、"不得好死的"、"还不死"、"老不死的"，这一类的话是常常挂在嘴边的。父母兄弟之间，这些都是互相用来表示不满的常用词汇。你在乡下住了两三年，又正值语言学习能力很强的少年，这些话自然也就很快被你学到了。妹妹的痢疾越来越重，终于一天要拉到三十几次。有一天你砍完柴回来，见到你妹妹居然把一泡稀屎拉在地上，你便随口骂了一句："死鬼，你怎么还不死！"

第二天你砍柴回来，妹妹已经死了。她最后是从马桶上筋疲力尽地倒在地上死掉的。你昨天骂她的话，竟是一句谶语。你号啕痛哭，你在心里骂自己不是人，你觉得是自己咒死了妹妹。但是晚了，一切都无法挽救了。你不能原谅自己，你无心无肝的咒骂，从此紧紧地黏在你的记忆中，再也剜不掉。它成了你心中永远的毒瘤。

五十多年过去了，只要一想到这件事，你就恨不得把自己痛打一顿。你不敢碰那个毒瘤。你觉得自己不是人。

伯父

（一）

　　你终于决定要谈谈你的伯父，因为当你试图清理一下你儿时在老家的记忆时，你发现你无论如何绕不开这个题目。你伯父毕竟是你那五年的生命中的一个重要角色。

　　浮现在你记忆屏幕上的第一个画面就是一个中年男人，五短身材，胳膊和双腿都很粗壮，打着赤脚，裤脚卷起，直到膝盖。他在卧室里面对着衣柜，在找什么东西。保姆领你进来，叫他一声，那中年人应声转过脸来，一双严冷的眼睛发出两道光，突然打在你的身上，上面是一对紧皱的眉头，再上面是一个剃得发亮的光头。他盯着你，上下扫了几眼，一声没吭，好像见到一个很不情愿见到的什么东西，又转过头去继续做他自己的事。

　　这中年汉子就是你的伯父。六十年以后，你也忘不了那令你满身冒冷气的一刹那。你一直在琢磨，他那时脑袋里究竟在想些什么？

他为什么一言不发？但你一直都没有想明白。

三十多年后，你重新见到自己的母亲。母亲告诉你，说当时你们兄妹去乡下伯父家里，是出于伯父自己的建议，他说，这年头兵荒马乱，你们带着三个这么小的孩子如何逃难？不如暂时把他们留在乡下。你母亲一直犹豫着，你父亲大概觉得这也有些道理。碰巧在你们父母准备离开衡阳城去广州的前几天，乡里来了两顶轿子送人到城里来，返程轿子是空的，有亲戚就向你母亲建议说："不如就让孩子们坐这两乘空轿子回去吧。"那是一九四九年的春天，国共战事风声越来越紧，蒋介石下了野，由李宗仁代理总统，蒋介石身边的班子也就不能再公开存在了，大家都在谋出路，颇有一点树倒猢狲散的凄凉。你的父亲当时是蒋的机要秘书，自然也在这批人之中。非常赏识他的上司陈布雷刚自杀不久，这越发加重了他内心的悲痛与惶遽。你母亲后来在台北跟你谈起这些事，说这都是命，都是上帝的安排。你伯父提议的时候，理智上我跟你爸爸觉得伯父的提议也许是对的。我们是下定了决心，跟政府到台湾去，如果台湾也保不住，我们只有跳海。可是你们兄弟还小，何必拉着你们一起跳海呢？如果政府还有机会反攻大陆，恢复山河，那应该也要不了几年。抗战也不过八年嘛，总不至于比抗战还久。那个时候你们也不过十几岁，一切都还来得及。但情感上还是决断不了，舍不得把你们送到乡下去，可是偏偏有轿子，又是两顶空轿子，这样我们就狠下心来把你们送回去了。"我原来还想过把你带走，只把漱明、浩明送去，偏偏又是两顶轿子，刚好你和妹妹坐一顶，弟弟跟保姆坐一顶。你看，这不是命吗？"

你几十年来一直想不通的是，既然这建议是你伯父提的，为什么你们兄妹到达乡下的时候，他竟是那样一副很难看的脸孔？为什么一句话都不讲？难道他已经预见到了后来发生的一切吗？土改、抄家、坐牢、自杀……但是,这也怪不得你们呀!其实,后来发生的事情让你深信,你们兄妹的到来并没有增加伯父一家的苦难,你们即使不来,他的遭遇也绝不会更好一些。

那一天后来发生了什么,你怎么跟伯母和堂姐、堂弟见的面,晚餐怎么吃的饭,晚上睡在哪里,你现在居然压根儿记不起来了。只有你初见伯父的那一刹那,那冷峻的目光,紧皱的双眉,光得发亮的脑袋,毫无表情的脸,两个还沾着泥巴的粗粗的腿肚子,像一个凶神恶煞的罗汉,牢牢地烙印在你的记忆屏幕之上。你对你伯父整个的回忆和观感也都在这一刹那被定了格,它预示了你和他之间的关系,它也预示了你和他后来的命运,直到五年后的除夕,他的几个耳光打掉了你一切的留恋,在第二天大年初一的早上,你愤然而决绝地离开这个叫做金溪庙的老家为止。

(二)

在接下去的两年中,你的伯父在你的记忆中几乎没有留下比你第一眼看到他时更多的印象。你努力搜索,还是那一张严肃得几近凶恶的脸,他好像从来不曾笑过,你一直到现在都怀疑他究竟会不会笑。还有他那一双总是光着脚板,裤脚总是卷到膝盖的粗粗的腿肚子。

他是一个地地道道的农民,而且确实是勤劳的。每天大部分时间不是在田里,就是在菜地里,很少看到他坐下来休息过。似乎也从不跟邻居来往,他甚至很少跟别人聊天。他也不抽烟。你们家乡的男人只要上了一点年纪,都习惯抽一种叫做"水烟"的土烟:用一把铜壶装上水,后面一根长长的、弯弯的铜管,很像是茶壶的嘴,但这嘴是对着吸烟人自己,吸烟人用嘴含着它来吸烟;壶身的前面有一个短短的、比壶嘴大一点的、向上的圆筒,用来装烟丝,烟丝通常是自己种的烟叶晒干切成的;用火点着烟丝,再用嘴巴吸烟嘴,那烟就通过壶里的水,穿过长长的铜管被吸进嘴里。吸水烟的时候铜壶会咕咕地响,并不是水开了,而是烟通过水时发出的响声。现在想起来,你倒觉得你们乡下的水烟其实是很科学的,烟经过水的过滤,尼古丁和其他有害的物质就溶解在水里了,比现在香烟的过滤嘴显然更好。那时候你们家乡几乎每家每户都有这种水烟壶,但是你们家里却没有。

你们家毕竟是耕读传家,你的伯父跟一般的农民还是有差别的。这差别不在于他劳动比别人少,吃穿比别人讲究,而是家规比较严。除了不抽烟之外,你的伯父也从不打牌,你们家乡似乎也没有什么打牌的风气,也许是因为你年纪小,不知道别家的情形,但总之,在你的伯父家里是绝对没有牌、麻将这类东西的。你伯父也严禁家人睡懒觉,倘若哪一天你睡过了头,几乎不可避免地会被他从被窝里拖出来打一顿屁股。还有一些规矩,比方说,吃饭的时候不能讲话,你如果在席间唧唧喳喳,一筷子头就会对着你的额头刷过来:"吃了饭再讲!"

对伯父所定的这些严格的家规,以你的天性肯定是不会喜欢的,但你记不起你有任何反抗的举动,"在人屋檐下,不得不低头",生活很早就教会了你这一条,你也很快就适应了。今天你回想起来,对你伯父的这些严格的家规,倒并不反感。此后你上学,或在一个集体中,从来没有在纪律方面做出什么特别越轨的行为,这应该得益于你小时在伯父家所受的管教。因为你的天性其实不是这样的,你母亲后来告诉你,你小时候是个十分顽劣的家伙,洗一次澡都可以从脚盆里跳出来三四次。保姆没有办法，常常跟在你的屁股后面追，跑得上气不接下气，才能把你拽回脚盆，可刚刚帮你把泥土洗掉，一不注意，你又从脚盆里跳了出来，这样的闹剧每次洗澡都要上演。但是到了乡下伯父家里，这恶习几乎立刻就改掉了，因为根本没人给你洗澡，你必须自己打水自己洗，自己脱衣穿衣，你再闹给谁看呢？

　　你现在想起来，这两年中，你真正最感谢你伯父的，还是他教了你最初的古文。他和谷满爹是你最早的古文启蒙老师。你现在还能记得他教你《郑伯克段于鄢》的一些细节。从任何角度看，他都不是一个好的老师，他自己的古文水平不高，小时候只读过两三年私塾，所以很多地方都解释不清楚，但他会逼着你背书，背不出就打人。他的打法也很特别，不用竹片木板，而是用手，但也不是打手心或是打耳光，而是把手攥成拳头，用突出的中指的第二关节狠狠地敲一下你的额头。你们家乡把这个叫做"栗凿"，也许是"栗啄"，你至今都不知道这两个字该怎么写。那动作的确有点像木匠用凿子凿木头，或像啄木鸟啄树干，"凿"、"啄"在你们家乡发音是一样的。至于"栗"则是形容啄的效果，因为像这样啄过之后，额头上必会鼓起一个包，大小像板栗（你也想过用"梨"字，但觉得未免稍嫌夸张了一点）。那时跟你同学的还有几个本家子弟，包括你伯父自己的儿子，比你只小几个月的堂弟，他的名字叫伊辛。你记得大家一起读书的时候几乎每个人都尝过挨"栗啄"的滋味，而你的"栗啄"挨得最少，伊辛挨得最多。在这一点上，你伯父倒是很公正。至于谷满爹，他却不大用"栗啄"，而是用竹片打手掌。谷满爹很偏爱你，你也从没有背书背不出来的时候，所以你记忆中几乎从来没有挨过谷满爹的竹板。

　　谷满爹讲书比伯父高明得多，但你伯父也偶有高明的时候。比方有一次他讲到"及"字的意思，他说这"及"的意思就好像是石板路上铺的石板,如果后面的石板搭到了前面的一块石板的边沿,这个就叫"及";如果没有搭到,就是"不及"。你觉得这个解释简直高明得不得了。你后来用他这个解释去检验古书中所有用"及"字的地方,都能讲得通。尤其让你佩服的是常作虚字用的"及"字,在他的解释中却有了一个具体的、形象的画面。这个"及"字的解释让你一辈子受用。你以后读古书,都要把每个字的核心意义彻底弄懂,用一个具体的意象呈现出来,而贯穿于这个字的一切用法中。

一个场面突然从你的记忆中浮现出来。那是有一天家里来了一个远客(或许是亲戚),伯父在吃饭的时候忽然自破规矩讲起话来,话中提到你和伊辛,说伊辛比你力气大,砍柴放牛都比你行。你不服气,觉得自尊心很受挫伤,居然敢顶了你伯父一句:"我读书比他强。"你伯父抬起头来,瞪了你一眼,可也没有说什么。你很得意,觉得自己胜利了。

(三)

下面这一幅画面,以后会无数次浮现在你记忆的荧屏上,也会无数次怪诞地出现在你的梦里。

那一天下午,你跟你的堂弟伊辛去抬水。那一年你们都是九岁,伊辛比你小几个月。乡下挑水用的木桶在你们的眼里看起来还是一个庞然大物。大人们挑一桶水,你们两个只能抬半桶水。从家里走出禾坪,沿着禾坪前面小塘旁边的一条两边布满南瓜丝瓜的小径就到了水田边,再沿着水田之间的一条泥巴小路,弯弯曲曲地往前走几百米就到了那条叫做金溪的小河旁。你的老家金溪庙就因这条河而得名。再沿着一条石板铺成的坡路就可以走到水边,水边布满了一块又一块的大大小小的石头,那是女人们洗衣服、捶衣服的地方。石头缝里常常藏着一些小虾小鱼,还有螃蟹鳝鱼,所以也是孩子们玩水摸鱼的地方。把木桶放进小河,两个人一手抓一边,要逆着水流的方向合力一拉,拖起来放平,再用竹扁担穿过提手的下边,两个九岁的小孩就可以抬着它侧侧歪歪地爬到岸上,再沿着小路抬回去。你跟你堂弟个子都很矮,力气也小,所以途中总要放下来歇几次,才能把那半桶水成功地抬到家里,抬进厨房,倒进厨房角落里的一个大瓦缸中。那倒进瓦缸的一刻是相当关键的,两人必须费了吃奶的劲儿,才能把那半桶水抬起到跟你们的一半身高差不多高的瓦缸边沿,而且必须再抬起来,抬得比瓦缸高出半个桶,再合力把木桶往前一压,那河水才会顺利地倒进瓦缸。否则,前功尽弃不说,收拾残局是更加麻烦的事。你跟你那位堂弟如果说多少还有一点情分的话,那就全建立在这抬水的过程中。

一九五一年深秋的那个下午,你们俩照常去河边抬水。可是快回到家门的时候,却觉得唐家新屋气氛异常。许多人在禾场上走来走去,却并没有人大喊大叫。大家的交谈都有一点悄悄的,好像害怕,好像神秘,又好像有点幸灾乐祸的样子。在你们乡下,这种气氛好像是哪家刚死了人。你们俩把水抬进了禾场,走进自家的门口,才知道你伯父的家已经被封掉了。大门上斜贴着几张白纸条,上面写着黑字,压在两扇门合拢的地方。但厨房还是开着的,只是家里已空无一人。你和你堂弟都很惊慌,不知发生了什么事,但也只得把水抬进去,倒进瓦缸。

现在你仔细搜索你的记忆屏幕，剩下的画面却只有你一个人，你想不起你的堂弟什么时候离开了，或许他丢下水桶就去找他的父母了吧。在那个画面中，你一个人站在厨房门口，深秋傍晚的太阳从你的背后照过来，把你长长的影子投射在厨房的地上，那地没有砖，只是铺了黑色的泥巴。人都不知道跑到哪里去了，四周静悄悄的，你感到一阵前所未有的凄凉和恐惧。你从来不喜欢你的伯父，但这个时候，你却希望他那一张让人望而生畏的脸从什么地方冒出来。

可是没有。

画面上，你依然站在厨房的门口，面对着空空洞洞冷火秋烟的厨房，即将西落的秋阳把你长长的孤零零的影子，投射在黑色的泥地上。

（四）

后来你才知道，你们乡里开始搞土地改革了，你的伯父已经被抓去关起来了。房屋、田产，连同金银财宝、衣服家具都封起来，准备分给农民。

接下去的一幕发生在祠堂里。

离唐家新屋不远有一座唐氏宗祠，是方圆几十里内的唐氏家族所共有的，里面供着历代祖先的牌位。平常是供祭祀用的，里面有好几间大房子，族人们开会议事、春秋宴聚都在这里举行。土地改革时这里便充当了临时监狱。恶霸、地主和其他坏人便都关在这里，其中便有谷满爹和你的伯父。

现在，你的记忆屏幕上出现的一幕，是你给伯父送饭的情形。你伯父被抓起来已经好多天了，每天家里人轮流去送饭，今天轮到你。你从邻居那里已经听说你伯父挨过几顿打，十根手指都钉过竹钉。两天前你伯母送饭时，他吃完饭突然把手中的空碗砸向自己的额头，显然是要寻死，结果血流满面却没有死成。你去的时候，看见他坐在墙角一堆凌乱的稻草上，头上包着破布，血从破布里渗出来，看起来并不怎么红，倒像跟田里的淤泥差不多。你吃了一惊。令你吃惊的并不是他头上包着的血布，而是他脸上的神情，完全没有了你印象中的凶神恶煞的样子，而是疲惫肮脏。你叫了他一声，他抬起头来，你再一次感到惊讶，那惯常的冷漠的神情没有了，居然有点和善，甚至可怜。你看着他两手也包满了破布，很艰难地端起碗来，很艰难地拿起筷子，很艰难地把饭吃完。他从头至尾没有说一句话，也没有训斥你。多年后想起来，你觉得这是他五年中留给你印象最好的一次。

你伯父后来终于被放回来，但那是多久之后，你完全没有印象了。你只记得他回来的时候，田产已经分完，家里的房子原来有八间，现在只给他们留下了两间和一个厨房。衣服、家具、被褥也都被分了，只留下一些破旧的给他们。因为你们兄妹三个另成一户，被划为贫农，所以也分到了两亩七分地（每人九分），一间房，就是你伯父家被分出去的六间房中最差的那一间。你们兄妹也分到了若干衣服和用具，但那些衣服和用具并不是你伯父的，而是别的地主家的。到底是哪家的，你自然并不清楚，说不定是谷满爹家的，或是别村地主家的。直到今天你还能记住的有两件，一件就是后来你跟你妹妹用来煮饭的鼎锅，另外一件是一床线毯。你拿来铺在床上，床和线毯之间铺了一堆稻草，你和你的妹妹挤在那上面过了一个冬天。第二年你妹妹也就死在那间房里。这床线毯你用了很久，直到结婚以后你还把它垫在棉絮底下。

你伯父回来以后，你们兄妹很长一段时间是跟他分开过的，所以见到他的机会也不像从前那么多了，直到一年之后，你弟弟被送人，你妹妹死去，你又不得不回到他家里为止。你现在极力搜索，你记忆中的伯父的面孔，最和善的一次，还是他在祠堂里你给他送饭的那次。从祠堂里放回来以后的他，似乎又恢复了从前的那副脸孔，只是更多了一份愤世嫉俗，而对你也更冷漠了。最令你不解的是，他的冷漠中还夹了一丝明显的恨意。难不成是恨你分了他的房子？还是恨你当了贫农？

（五）

土地改革以后，你伯父的脾气变得更沉默了，更古怪了，也更暴躁了。他本来就不大跟邻居往来，不喜欢跟别人聊天，现在更是整天不发一言，见人也不打招呼。有些小孩子跟在他背后骂："唐宣祖，死地主！"他也不回头。他仍然一天到晚不是在田里，便是在菜地里，好像要把一肚子的恨劲儿从汗水里发泄出来。

最奇怪的是他对你的态度。从前有时还叫叫你的名字，现在连名字都不叫了。偶尔碰个照面，抬头望一眼，好像一个陌生人，那眼光是冷冰冰的。自打你们兄妹回到老家之后，他就从来没有表示过一点温情，你对此已经习惯，并不觉得讶异。只是那冷冰冰的目光中夹着明显的恨意，常常让你感觉到恐怖。是的，你们兄妹三个被土改工作队从他们家划出来，另立一户，成了贫农，可这不是你的错啊，你没想当贫农啊，你也没像别的贫农那样斗过他打过他啊，你还给他送过饭。是的，你们兄妹分了他一间房,可也不是你们要的啊,他的房被农民分了,你不过得到最破的一间,你们兄妹本来也要住一间啊,这难道于他有什么损害吗?哦,你想起来了,土改工作中你曾经跟着土改工作队跑,那些土改工作队的队员,尤其是那个队长,都对你很好,而对他则非常凶狠,这让他记恨吗?对,简直一定是。他不敢恨那些土改工作队,但恨你总是可以的吧。你这个狗日的,居然跟着那些土改工作队跑,帮他们拉皮尺,量田地,算面积,这可是要分我的地啊。难怪那些土改工作队的队员们对你那么好,难怪那个队长那么喜欢你。吃里爬外,混账东西!

其实这些念头还是你长大以后,时时想起他对你的冷酷,而对他当时的心理所作的揣摩,在土改当时,你还太小,小得没法作这种分析。你不过是个九岁的小孩,跟着土改工作队跑完全是因为好玩。一群外面的人跑到乡里来,领着农民开会,喊口号,唱歌,挥舞红旗,本来就很好玩啊。何况他们又很厉害,大家都听他们的话,像你伯父这么凶狠的角色,在他们面前也只有唯唯诺诺,后来还被他们关起来,你送饭时看到你伯父那副狼狈样子,你虽然同情他,但你心里也有一丝隐隐的快意。以前你挨过他那么多打,现在居然有人敢打他,你心里有点偷偷的幸灾乐祸,只是你并没有表示出来而已。那么如果他恨你,也是应该的。对,一定是这样。

不久,你弟弟被送了人,你妹妹又病死了,剩下你一个人在外面晃荡。不上课的时候,不是给东家放牛,就是给西家砍柴,混一口饭吃。当地的农民、干部看不下去了,就逼着你的伯父伯母把你"收"回去,其实也就是管管你的饭而已。你的伯父伯母十二分不情愿,但也只得照办,于是你又跟他们一家一起吃饭了。当然也做事,砍柴、放牛、扯猪菜、插秧、捡田螺、抓泥鳅,什么都做。你又开始跟伊辛一起抬水了。但是,你很快就发现,你是他们家里的一个外人。从伯父到伯母到堂姐,全都对你另眼相看，只有伊辛因为最蠢，又常常跟你一起抬水砍柴，所以跟你的关系略微好一点。你伯母的阴狠，堂姐的泼辣，伯父的暴躁，现在全有了一个施展的目标。你的日子自然就更惨了。比你只大三岁的堂姐居然也敢伸手打你，你现在想起来都觉得不可思议。你的伯母是伯父的续弦，比伯父小十来岁，那时似乎还不过三十出头。你记得她长得并不丑，皮肤白白的，身材也颇苗条，可是她那张脸在你的记忆中总是和巫婆没有两样。你们家乡的习惯，每家每户都有些坛坛罐罐，放一些自家做的点心，例如蒸熟晒干的红薯条、南瓜条之类的。你的伯母都把这些坛坛罐罐塞到阁楼上，小孩子一般不许上阁楼。有一次你肚子饿极了，竟然跑到阁楼上去偷偷地拿了几块，被你伯母发现了，臭骂了一顿，说些"手脚不干净"之类极难听的话。还有好几次，你睡觉了，他们一家人却在煮东西吃，以为你睡着了，其实你还没有入睡。你的伯父就更奇怪了，几乎一有机会就要在你身上发泄他的蛮劲儿和他那一股找不到出口的怒气。在无数个耳光中你的右耳终于永久地失去了听力，幸而人有两只耳朵，这没有妨碍你日后成为一个看来完全正常的人，但是你自己非常明白，你在学习外语、欣赏音乐的时候，它让你的敏锐减了多少分。

几个镜头现在出现在你的记忆屏幕上，那是一辈子都不会忘记的。有一次你不知道什么事情得罪了伯父，他抄起一根粗粗的竹竿迎头向你劈过来，幸好你那时身手矫健跑得快，那竹竿啪的一声打在台阶的石板上，竟然破成了两半，你事后想起来都余悸不止，如果跑得慢一点，你脑袋的命运岂不就跟那竹竿一样了？还有一个画面是一个深秋的黄昏，你坐在屋后的肥坑边——这"肥坑"是你杜撰的一个词，你们乡下叫做氹子，是用来储存肥料的泥巴坑，里面是发臭的淤泥、牛粪、狗屎、野草、食物的残渣——头上戴着一顶帽子。因为那个时候你头上长满了瘌痢,你从小是一个自尊心很强又爱美的小孩,长瘌痢这件事使你很痛苦,尤其在女同学面前显得很没面子,所以你总是头上戴着一顶帽子。而你的伯父却老是看不惯你戴帽子的样子,老是骂你:"长瘌痢就长瘌痢,戴什么帽子!哼,还知道怕丑!"但是不论他怎么骂,你就是不把帽子拿掉。那一天他经过你的身边,又骂开了,你还是不摘下来,他突然狂怒起来,一把抓起你的帽子就扔进了氹子,你又气又急,不管三七二十一,就扑进那个臭泥氹,终于把帽子捡回来,一身臭泥和粪便,跑到小塘里半天才洗干净。第三个画面便是你离开老家前的最后一个除夕,你在初中念完第一个学期的寒假。因为一块肉买得不中你伯父的意,被他连扇几个耳光,大骂:"人不为己,天诛地灭!连肉都不会买,你这个没用的东西!"

你上中学之前,从乡长的嘴里知道你妈妈住在香港,土改前一直有信和钱寄给你伯父。你这才恍然大悟,原来土改之后你伯父一家对你更坏,跟你自己所设想的那些理由虽然有关系,但还有一个更深刻的、你自己没有料到的原因,那就是在土地改革之前,你伯父一直从你父母那里收到一笔笔不菲的赡养费。而土改之后,这些钱自然没有了。所以,虽然你们兄妹三个现在只剩下了你一个,对于你伯父家来讲,仍然是一个包袱,而不会带来任何利益。你于是也明白了,当初你伯父建议你父母把三个孩子放在他那里,其实也是为了钱——他哪里料得到共产党会搞土地改革呢?你的母亲后来会把钱寄给你而不再寄给他呢?

鲁迅说:"我向来是不惮以最坏的恶意来推测中国人的。"你后来读到鲁迅这句话,就无法不联想你的伯父伯母跟堂姐。对于中国人的恶劣,你早就从你自己的家人身上见证过了。

虱子

《阿Q正传》中写阿Q和王胡比赛捉虱子，说："阿Q也脱下破夹袄来，翻检了一回，不知道因为新洗呢还是因为粗心，许多工夫，只捉到三四个。他看那王胡，却是一个又一个，两个又三个，只放在嘴里毕毕剥剥的响。"现在的年轻人，尤其是城里长大的，可能已经不大读得懂这句话的意思。一是不知道虱子是一种什么玩意儿，翻翻注释或词典，顶多知道它是一种会咬人、令人发痒的小虫子，但没有感性印象，因为从来没有见过。二是不知道为什么要放到嘴巴里去咬，那岂不是很恶心吗？我在台湾讲鲁迅作品的时候，确有学生提出这样的问题，我还真不知道怎么回答。虱子我小时候见得太多了，可没办法捉一个来给这些孩子们看，也绝未想到应该制作标本，保留起来，几十年后教书好用。至于告诉他们捉了虱子放在嘴巴里咬是为了补血，他们觉得简直是不可思议。他们说："恐怕是为了报仇雪恨吧！"

虱子这东西基本上只寄生在人们的衣服中，特别是衣缝和棉絮里，所以汉末魏初的阮籍在《大人先生传》里讽刺那些凡事遵循礼教的大人先生们,说他们有如"虱之处乎裈中,逃乎深缝,匿乎坏絮,自以为吉宅也。行不敢离缝际,动不敢出裈裆,自以为得绳墨也",实在是很传神的。不过阮籍之顺手拿虱子来打比方,其实倒是颇有时代精神或说传达了时代气息的,因为魏晋时虱子很多,跟今天的台湾大不相同,甚至跟几十年前的大陆乡下也不相同,大陆乡下的虱子一般都寄生在穷人的身上,而魏晋的虱子高贵许多,常常老实不客气地住在贵人的身上。而且奇怪得很,那时的贵人好像颇以生虱子为荣。我们在魏晋的书里常常看到贵人们捉虱子的情景,甚至在众目睽睽之下,也不以为意,跟阿Q和王胡没有什么两样。比方说,嵇康的《与山巨源绝交书》,就大大方方地承认,"性复多虱,把搔无已"。又如《世说新语·雅量篇》说,顾和做扬州从事的时候,一次入朝开会,停车路边,刚巧碰到周侯去拜访王导,经过顾和的车子,而这位老兄却在那里"觅虱,夷然不动"。当然最有名的例子还是王猛,这位前秦的名臣在未出山之前,符坚去拜望他,请教他天下大事,他居然当着符坚的面,一面抓虱子,一面侃侃而谈,所谓"扪虱而谈天下事",即谓此也。魏晋名士之多虱,如果以今人的眼光来看,是很容易发生误解的。他们既非养宠物,也不是故意作秀,而是另有他因。因为那个时候的名士喜欢服药,特别喜欢服一种叫做"五石散"的药,服了这种药的人,身体发热,皮肤过敏,不能随便洗澡,又不宜穿浆得硬硬的新衣或刚洗过的衣服,只好穿旧衣、脏衣。日子一久,虱子就繁殖起来了。而当时能够服药的人,必是贵族,有钱服得起,又是名士,喜欢率性,不拘小节,多少有些像今天西方的"嬉皮"、"雅皮",在当时正是时髦,绝非一千五百年后的阿Q和王胡可以相比。

我生在跟阿Q、王胡差不多的年代,而去魏晋甚远,所以我少年时代所见的虱子也是阿Q跟王胡的虱子,而非嵇康跟王猛的虱子。不过在我们乡下，不仅阿Q跟王胡的身上有虱子，好像赵老太爷、钱太爷、茂才公也时不时有几个。因为这虱子繁衍极快，周游列国也不需要护照，所以一人有之，十人得之，也就很快地遍布于国中了。而且虱子这东西见血即吸，也不管男女老幼、贫富贵贱，一旦上身，就仿佛拿了绿卡，取得了永久居留权，要想驱逐出境还真不容易。当年在我们老家，虱子是家家皆有，人人必具，尤其是冬天，身着棉衣，而棉衣大多又破破烂烂，极易藏虱，所以每至冬阳煦煦的天气，大家一排儿坐在墙根下，脱下棉衣，比赛觅虱，是常见的事，一点都不输于阿Q跟王胡。

而至今使我忘不了的，一想起来就历历在目的，是跟我同住在老屋里的一个远亲，此人身上虱子之多，在我这个见过虱子世面的人也是平生所仅见。这人极瘦，眼睛半瞎，那时才三十多岁，是个裁缝。曾经跟我说，他年轻时给我父亲做过衣服。他说当时就认为我父亲将来会做大官，因为我父亲的手比一般人长。他似乎根本就没有家，又没有老婆，冬天总穿着一件破棉袄，用草绳捆在腰间。棉袄的布面是黑色的，但却有一半成了灰白色，那是露出来的脏棉絮。只要略微走近他，就会看到那一块块灰白棉絮上爬满了密密麻麻的虱子，点缀在棉絮上，很像一块块的芝麻糕。这人其实很斯文，至少在我们乡下是如此，说话慢声细语，还有点文绉绉，小时候肯定读过私塾。但后来为什么会落魄成那样，我一直没有弄得很清楚，据说是土地改革时被划成地主，父母跟老婆都一个个死掉了吧。

我上了中学以后不久，听说他也死了。是生了病，又没有饭吃，活活饿死的。那时初中的语文课本里有一篇鲁迅的《孔乙己》，我上课的时候不禁就想起这位远亲，觉得他跟孔乙己似乎有点像，但这位远亲既不嗜酒，也无恶习，为什么会落得那样的下场呢？我至今还常常因他而想起虱子，也因虱子而想起他。他虽说是个地主，但并没有吸过人的血，却像虱子一样活得卑微。

谷满爹

你小时候在老家住过五年，从七岁到十二岁。十二岁上中学，第一个寒假的假期回去过一次，至今五十五年再也没有回过老家。但老家的样子你还大体记得，那是一个冂形的建筑群，好几十间房子连在一起，住着二十几户人家。冂形的中间空地是禾坪，供大家晒谷子和堆禾柴用的。禾坪的前边是一口小塘，塘跟禾坪之间是菜地，菜地分成许多块，每家都有几块，不同的季节种满了不同的蔬菜。茄子、辣椒、白菜、豆角是最常见的，每块地的边角则常常种着一些葱、蒜、藠头或紫苏。沿着小塘的四周搭满瓜棚，种着南瓜、冬瓜、丝瓜、苦瓜。塘是大家公用的，有鱼虾，因为塘小，所以鱼虾也不大。鱼以鲫鱼为主，偶尔有几条鲤鱼、鲢鱼、草鱼，还来不及长大，就被孩子们抓去吃了。

大人们是很少在那里打鱼的。大人们要打鱼则在另一个塘，那个塘在老家的左边。从老家禾坪左手的大门出来，沿着一条两边都是南瓜、丝瓜的小路走一两百米,再左转上一个土坡,就可以看到那一方大塘。大塘到底有多大,你现在也说不清楚,在当时你的眼中,是可以称做湖泊的。大塘左手上方的土坡上,有一棵很大的柞树,在你的记忆中那棵柞树就仿佛是一棵千年古木,是一个庞然大物。在大塘打鱼,是要用到船的,把船划到湖中,在湖中撒网,才能捞起那活蹦乱跳的一条条大鱼。其实这塘里并不能行船,塘也没有大到需要行船的地步,你这里所说的"船",其实是乡里人临时搭起来专门用作捕鱼之用的。那办法是用六个到八个大木桶,翻过来压进水里,再把两块(或几块)大床板搁在桶底上,那压缩在桶里的空气就会把桶跟木板都顶起来,上面站两个人,一人划船,一人撒网,是不会沉下去的。不过做这样一条"船"颇费工夫,要好几个大汉同时努力才能成功。每年打一次鱼,时间大抵是在秋收之后、过年之前。打鱼在村里是一件大事,男男女女都跑出来聚集在塘边,孩子们更是跳跳蹦蹦,一边大声地喊叫着。一网鱼从水里打出来的时候,男女老少都会高兴地叫起来,议论鱼的大小,是什么鱼。捕到一定的数量便收工,然后拿到禾坪上去分。你记得最清楚的就是每次分鱼的时候,大家都会很自然地从鱼堆中挑出几条最大的放到一个小篓子里,便有人说:"给谷满爹送去!"

这谷满爹住在冖形的唐家新屋的左手第一家,也姓唐,是你的一个远房本家,在兄弟中排行最末,所以叫满爹。你们乡里习惯把兄弟姐妹中最小的一个叫"满",意思是到此就满了,不再生了,所以有满弟、满妹、满姑、满叔之类的称呼。这"满爹"显然是一种尊称,至于"谷",你一直弄得不很清楚,现在推想起来应当是他的名字当中有一个"谷"字吧。他那时大概有六十来岁,中等个子,壮实匀称,留着一部长长的白胡子,两眼炯炯有光,神态威严,是你们家乡远近闻名的一位大人物。因为他书读得很好,不到二十岁就中了秀才,而你们乡下是很崇拜读书人的,何况方圆几十里内只有他一个秀才,所以不仅在唐家地位很高,就是在所有乡人的眼中,都是一个极有分量的人。虽然他并不当官,可是不论哪家分产不公,妯娌吵架,或者邻居斗殴,都要来找他判理。谷满爹一言九鼎,判谁对就对,判谁错就错,是没人敢不服气的。所以唐家新屋每次打鱼,把好鱼大鱼先给谷满爹送去,这在大家看来乃是理所当然之事。谷满爹也欣然受之,毫不谦虚,要是送晚了他还会骂人的。

家乡人对谷满爹无不敬畏有加,跟他讲话很少有人敢平视的。但这谷满爹对你却很和蔼,常常把你叫到他家里去陪他吃饭。你记得他有一个很奇怪的习惯,就是吃饭的时候,不是坐在板凳上,而是用两个脚蹲在板凳上,你至今也没想清楚到底是什么道理。他不仅对你和蔼,甚至有点客气。他常常对别人说:"翼明是读书人,将来要做大事的。"他也常对你说起你父亲年轻时的往事,说他教过你父亲读书,你父亲聪明过人,又勤奋过人,放牛的时候都会带书在身上,一边放牛一边读书。这些故事你听起来半信半疑,但你的确喜欢听他讲这些事。你也不怕他,你承认你还相当喜欢他。在某种程度上他也可算是你的一个启蒙老师,尤其是古文。你们乡下"耕读之家"的习惯,是在冬天农闲的时候,把本家子弟聚集起来,请一个老师来教他们四书五经,其实也就是一种"家塾"。你最初的古文一部分是你伯父教的,一部分就是他教的。像《郑伯克段于鄢》、《曹刿论战》、《寺人披见文公》、《介之推不言禄》、《冯谖客孟尝君》、《前后出师表》、《陈情表》、《归去来辞》,这些名篇就是那时候学的,你至今还能背诵。在这点上,你不得不感激你的伯父和谷满爹。你后来读中学时觉得读书非常容易,古文对你一点都不难,甚至日后你能成为一名研究中国古代文化的学者,都多少受惠于他们的启蒙。所以你也至今觉得中国旧时的私塾教育并非一无是处，小时候背点诗文对一个人日后的教育是有益的。

谷满爹后来遭殃了。那是土地改革的时候，谷满爹被打成恶霸地主，说他是当地一霸，不仅广有田产，而且包揽词讼。于是抓起来关在祠堂里，又逼他交出埋在土里的金银财宝，他说没有，农民不信，有人就在他十个手指上钉竹钉，他惨叫着晕死过几次。有一天你偷偷跑到祠堂里去看他，昔日的威风完全不见了，一个可怜的老头儿气息奄奄地躺在地上。你鼻子酸酸的，不敢叫他，赶紧跑了出来。他后来终于被放了出来，但不久就死了，田地、房产当然都分了。

有一件事是你听来的，没有亲眼见到。说是他有一个女儿，长得很漂亮，小时也跟他读过很多书，嫁在离你们老家几十里外的一个乡村，夫家自然也是地主。土改时夫妻俩都被吊打。而他女儿除了"地主婆"外，还有一个罪名是"破鞋"，说她风骚，勾引男人，于是把她吊起来，用绳子扎紧两个裤脚，把一只猫从她的裤腰里放进去，让猫在裤裆里乱抓。底下的人便起哄："你不是骚得难受吗？猫替你抓痒。"你那时年纪很小，不知道什么叫阶级立场，你听了这件事只是觉得心里很不好过。你见过他女儿一面，她对你很好，你觉得她的确漂亮，尤其是笑起来，那样子很迷人，这大概就是他们所说的风骚吧。

皇帝梦

你从小就是一个不安分的小孩，不管到什么地方总会弄出一点故事来。

你十二岁时进了老家衡阳县的一所私立初中——新民中学（一九五六年公私合营以前，中国还有些民营的企业和私立的学校），从此摆脱了放牛、砍柴、扯猪草的生活。你的眼前展现了一个完全崭新的世界。同学们来自县里的各个小山村，五六百个学生，几十个老师，全都住在学校里，实在很好玩。虽然每天只吃两顿（早上十点一顿，下午四点一顿），但可以吃饱，比在乡下连两顿稀饭（有时还要加野菜）都吃不饱的日子已经可算是天堂了。何况一个礼拜还会打一两次牙祭，打牙祭的时候还有肉吃，而在乡下是连一年也吃不了几次肉的。

但是最令你高兴的还是那学校居然有个

小小的图书馆。那图书馆里有多少书,有些什么书,甚至那图书馆是什么样子,你现在都完全记不起来了。你只记得那里面有很多古典小说,你很快就被这些古典小说吸引住了。学校的功课对你来说太轻松了,课外的时间除了打球,你就几乎全用在读小说上。学校的四周都是田野,方圆二十里之内没有任何街道和商店,所以除了学校,你们也没有任何地方可去,读小说就成了唯一的消遣。每天下午四点钟吃完晚饭以后,到七点上晚自习以前,有两个多小时几乎都可用来读书。你小时候眼睛特别好,即使冬天天黑得早,你仍然可以在走廊昏黄的灯光下读得津津有味。初中三年,是你读中国古典小说最多的时期,除了几大名著之外,你把那个时候能够借得到的中国古典小说几乎全部读完了。什么《三侠五义》、《七侠五义》、《东周列国志》、《封神榜》、《隋唐演义》、《说唐》、《薛丁山反唐》、《五虎平南》、《五虎平西》、《粉妆楼》、《英烈传》,还有蔡东藩写的历朝演义小说,全都看了。你现在想想都很得意,因为你后来就没有机会,也可能会没有兴趣再读这些东西,高中时你的兴趣已经移向外国小说上了。

你那时对古代的战争小说特别着迷,脑子里装满了各种各样的好汉。水浒的一百零八将连同他们的绰号都倒背如流,隋唐之际的十八条好汉你至今还可以说出一大半。最让你羡慕进而想仿效的则是刘关张桃园三结义,你竟然找到两位投合的朋友,结了拜把兄弟。上课的时候,老师讲得唾沫横飞,你却躲在下面看小说,要不就是画人物、画兵器,什么青龙偃月刀、朴刀、方天画戟、金箍棒、狼牙棒、大铜锤……你觉得你的方天画戟画得最好。你心里最向往的则是当皇帝。你觉得当皇帝实在是太威风了,你很想尝尝坐在金銮殿上受群臣朝拜,然后叫他们"众卿平身"的那种味道。当然,三宫六院七十二妃对你也有莫大的吸引力,虽然那个时候你对男女之间的事可以说还完全不懂。

你那个时候实在太幼稚,对政治一点常识都没有,五星红旗下,居然想当皇帝,尤其幼稚的是,你竟然在你的小板凳(你们那个时候每个学生都有一条专用的小板凳,是在操场上听报告用的)底面写上了"御用"两个字。这一下完了,很快就有积极分子告了密,班主任召集全班为你开了一次"帮助会"(也就是批判会)。接着又发生了一件奇怪的事,说是班上有同学被偷了东西,班主任把大家集中在教室里,不许出去,然后派了几个干部到寝室里去搜查。结果并没有搜查到那被偷去的什么东西,却在你的皮箱里搜出了一札你母亲给你的信。班主任便把这一札信当做从敌人那里缴到的武器一样,呈给了校方——你后来知道,那位班主任其时正在申请入党,你母亲的信成了他向党表现忠心的证明。

那一年你的操行成绩得了丙等,因为"思想反动"。丙等也就是不及格,离开除也就是一线之远。那个时代,丙等的操行成绩基本上是悬而不用的,如果不幸得了丙等,就意味着你这一辈子档案里都会有一个大污点,入团、入党没有份,参军没有份,升学也没有份。但你那时完全不知道这个问题的严重性,你才初中二年级,十三岁,这是你成年以后,尤其是"文化大革命"当中才懂得的。

不过那个时候你实在太年轻,太容易忘掉这些不愉快的事情,何况初三的时候学校举行大比赛,你居然一个人得到了数学比赛第一名、演讲比赛第一名、作文比赛第四名,发奖的时候,一连上台三次,实在很风光。大部分老师都很喜欢你,尤其是校长,老是把你叫住,跟你聊两句话,摸摸你的头,不掩饰对你的欣赏。

一九五七年,你初中毕业了,决定到武汉去读高中。你离开学校的前一天,校长把你叫到他的办公室,说:"唐翼明啊,你要去武汉考高中了,可你有一年的操行是丙等,没学校要你的。我昨天已经私下里给你改成了乙等,以后说话做事可要小心啊。"

九年以后,在那场"史无前例"的运动中,你一开始就被打成反革命,满校的大字报要把你批倒斗臭,你的各种档案也被陆续地披露出来。你这个时候才知道你早就是一个有"特务嫌疑"的"内控对象",所以你高考虽是全省第二名,但没有一所大学录取你,因为你名落孙山的命运早在你报考之前就决定了。你也是在这个时候才懂得你初中的校长为你做了什么事,承担了什么样的风险。没有他,你就连高中都上不了,那么以后整个的生命史大概全部要改写了,他是你生命中又一个重要的贵人。

你从来没有忘记这位敦厚的长者,你记得他是中等个子,略显丰满的脸,长得很正气,又有一种慈祥的气象。你觉得他很像孙中山。你一直希望有一天能够带着你的著作去看望他,送上你深深的敬意,让他知道他当年赏识的学生没有辜负他的期望。可是偏偏当你能够回国的时候,他却已经去世了。

你至今还常常想起他,你的心上已经永远地刻上了这个平凡而又伟大的名字:王会安,你初中的校长。

呆鹰岭

一九五七年暑假,你从衡阳县新民中学初中毕业,北上武汉,后来考进了武昌实验中学。从此就再也没有回到衡阳,跟新民中学的同学也都失去了联系,其中虽然有几个人时不时地出现在你的记忆中,但你想这一辈子大概再也不会见到了。

但不料整整半个世纪以后，二〇〇七年的冬天，你竟然在台北见到了五十年未见的老同学邹发祥，他是被台湾请来训练射击运动员的。他离开新民后成了运动健将，后来又成了国家队的射击教练，教出了好几个世界冠军和国手。台湾这个时候正在准备参加二〇〇八年的北京奥运，不知道通过什么关系，居然请了他来做教练，在台湾待了两个月，训练基地在桃园。那天周末，他特地到台北来看你，你陪他在台北玩了两天，又在你的山居住了两夜，聊起许多尘封的往事，居然还会像五十年前那样相视大笑。临别时他要你在笔记本上写几句话，好回去后带给新民的老同学看，你就提笔写了四句诗：

> 同学新民共车衣，呆鹰岭上看鹰飞。
>
> 重逢已是白头后，夜话滔滔仍忘机。

这里提到的呆鹰岭，就是新民中学所在的地方。因何得名，无人知晓，你其实一直怀疑"呆鹰"或许应当是"岩鹰"，在衡阳话中，"呆"和"岩"是同音的。像老鹰那样机灵的猛禽说是"呆"，好像没有什么道理。而它盘旋在天际，偶尔会栖息在高岩之上，名之曰"岩鹰"还说得过去。但你却又很清楚地记得，当时大家都写作"呆鹰"，不知原因何在？

呆鹰岭其实是学校所在地的名称，并非一座山。衡阳属湘中南丘陵地带，在南岳衡山之南，故名衡阳。承衡山之余脉，小山小岭绵延不断，所以你们家乡很难找出几块大的平川。这呆鹰岭也是丘陵地带，你们学校四周几乎都是山岭。学校跟山岭之间零零星星地散布着一块块的农田。有一条小路通出去，可以走到三四里之外的小镇，再走十几里就到了衡阳市。所有的老师和学生全都住在学校的宿舍里,平时的活动范围也都在学校。偶尔在夏天暑热季节,带一床竹席,穿过农田,走到附近山间的林中空地上,席地而坐,聊会儿天,然后各自读书。四周是虫鸣鸟唱,倒比在教室里更能集中注意力,却又多一点野趣。这通常发生在期末考之前,正课已经上完的复习周。如果同学中有一两个稍微富有一点的,买一两筒黄豆、一两筒花生米,配着附近的山泉水,时不时地嚼几颗,也就是你们的picnic(野餐)了。

坦白讲,学校的样子,你已经不太记得,拼命思索也只能想出个大概。这学校并没有什么堂皇的大门,那门一点都不气派,你也不记得门上是否题有校名。你只记得那门前是一大片黄土坪,这黄土坪一直延伸过去,几乎包围了学校大半圈。操场、篮球场、秋千都分布在这黄土坪上。黄土坪过去有几户农家。进门之后,左右就是传达处、教导处、校长室,等等。再往前走,中间是天井,两边对称地排着几进房子,第一进是跟校长室等连在一起的,是两层楼,楼下是老师的教研室,楼上则是学生的寝室。后面几进都是平房,就是你们的教室。右边又有一个天井,天井的那边是另一片平房,医务室、工具室、厨房则在这里。再过去就是老师的宿舍了。

你记得那个时候每一届是四个班,那么全校就应该是十二个班,所以至少应当有十二间教室。每班以五十人计,全校也就六百来个学生,老师跟行政人员加起来可能还不到一百人。在你读初二到初三之间的那个暑假,学校在教室的后面盖了一个大礼堂,在当时的你看来,那算一个很气派的建筑了。开会时放椅子,平时则当食堂,放着一张张方桌,每桌八人,算起来应该有百来张桌子,所以那礼堂还真不算小。礼堂的最前面是一个大讲台,后部还有很大一块空间,放着单杠、双杠、跳箱、体操垫,你们常常在那里上体育课。而你记忆最深刻的是那

初中三年级的你，痲痲头已经好了，又长出了满头的"秀发"。

（一九五六年摄于衡阳县私立新民中学）

礼堂很高,四周都是很大的玻璃窗户,所以在你们乡下就显得格外摩登而且阔气了。

你记得那个时候,你们每天只吃两顿饭,清早起来先是自习两个钟头,到了十点左右开始吃早饭。早饭多半是稀饭,好像也并没有馒头或包子。稀饭用大木桶装着,用长长的带木柄的铁勺舀。一直要到下午四点,才吃一天中的正餐。这一餐是干饭,可以吃饱,有三四个菜,每周还打两次牙祭。所谓牙祭,就是至少有一个肉菜,而不打牙祭的时候自然都是蔬菜。这在你们乡下是已经无可抱怨的了,一般农家吃的比你们差得多,每天两顿稀饭,有时稀饭里还要加萝卜缨子(晒干的萝卜叶子,通常是用来喂猪的)甚至野菜,一年到头也吃不到几次肉。今天看来不可思议,但你们那个时候以为全世界都是这样的。后来还进一步认识到,你们已经是全世界生活过得最好的三分之一的人,其他三分之二的人正在受苦受难,有待你们去解救哩。

抓麻雀

你前面说过,进了新民中学你就到了天堂,虽然每天只吃两顿饭,但基本上能吃饱,每周还打两次牙祭,这是在金溪庙做梦都做不到的。但是你也得说实话,你还是常常觉得饿,对于一个发育中的孩子,营养毕竟是太不够了。所以你直到初中毕业,身高还只有一米三二,现在想想简直不可思议。餐外补充一点营养,那是连想都不要想的事情,一方面是离小镇太远,更重要的是根本没有余钱。

每天傍晚时分，偶尔有些农妇会提着一篮一篮的炒黄豆到学校门口来卖，一分钱一小竹筒，真的很便宜，有些学生就会买点来吃。你记得在初一的时候，还只能看着别的孩子吃，馋得连口水都要流出来了，可身上就是摸不出一分钱来。那个时候你母亲每个学期寄给你五十块人民币，这五十块一到手就全部交给了学校，学校包了一切，包括作业本。将近期末的时候，再退你两块钱，充当回家的盘缠。你在第一个寒假被伯父的几个耳光打出来之后，便不再回老家了。后来期末退回的两块钱便可充做平时的零用。因为你寒暑假不再回金溪庙，初二以后你母亲又加寄你一点钱，这样你手头便宽裕一些，于是偶尔也可以买买黄豆吃了。

但还是不够，你们同学就自力更生，想方设法给自己找点吃的。你还记得当时这种补充营养的花样主要有三种。一种是秋收以后，稻田会长出一种小豆子，小到只有绿豆的四分之一，咖啡色，你们把它叫做"泥豆"。晚饭后晚自习之前，你们就成群结队地到水稻田里去寻找这种泥豆。通常一两个钟头也可以弄到个半斤八两，回来炒了吃。

还有一种是抓青蛙。抓青蛙有两种办法，一种办法是白天去钓，用一根小竹竿，前端绑一条绳子，绳子前面系一个棉花球，到菜地里或野草堆里上下震动，青蛙见了以为是昆虫，便跳起来一口咬住吞下，自然就被抓住。另外一种办法，是晚上用手电筒去照，这青蛙很笨，被灯光一照就不敢动了，只要用手抓起来就好。抓到青蛙以后，回来洗净剥皮，拿到要好的老师家里用砂锅去煮，便是一顿美餐。

但你以为，最美味的不是青蛙，而是麻雀。但麻雀不好抓。直到大礼堂修好之后，你们才在偶然之中发明了一种捕雀法。因为那大礼堂充做食堂用，所以地上常有一些掉下来的残菜饭粒。冬天的时候，麻雀们在外面找不到吃的，便成群地飞到礼堂里面来觅食。这一下触动了你们的灵感，不知道是哪一个聪明的同学首先想出一个主意，办法是等一群麻雀飞进窗户以后，立刻把玻璃窗都关上，十几个同学手中拿着扫把或竹竿，跳到桌子板凳上，乱挥乱打，打得麻雀四散逃命，不敢歇脚，一个个争先恐后往窗外飞，却没料到那看来空空的窗户却是一道道坚硬的墙壁，撞得麻雀们晕头晕脑。撞了几次之后，终于不是脑震荡便是脑出血，沿着玻璃窗一只只直往下坠，很快就成了你们这一群恶作剧的孩子们的囊中之物。只要抓到一二十只麻雀，回去用开水一烫，把毛拔光，开膛破肚，掏出肠胃，放在砂锅里去炖煮，加点盐，就是上好的美味了。

你印象最深的一次，是初三上学期期末。那年奇冷，晚上上晚自习时学校给每个班配了几个大火盆。那火盆四周是方的木架子，中间是圆铁盆，里面装白炭，烧的时候很温暖而没有明火。期末复习时大家就围坐在几个大火盆边，一边取暖一边看书。也因为冷，麻雀们便碰上了"荒年"，因为觅食困难，飞进礼堂的麻雀也就较平时更多。有一天，你们又邀集了十来个人，去干这种把戏，打得麻雀满天飞。那次收获特丰，好像有三十来只麻雀进了你们的布袋。等你们把麻雀洗干净拔过毛准备停当以后，却眼看要上晚自习了，来不及到要好的老师家里去煮，便借了一个砂锅把麻雀装在里面，放到教室的火盆里去烹。又怕巡堂的班主任看到，一个机灵的同学想出一个好办法，从寝室拿出一床棉被来。火盆的周围坐满了同学，棉被铺在同学的膝盖上，看来是为了保温取暖。大家用一只手抓住棉被的边角，另一只手则抓住书本，装模作样地看书，其实注意力全在棉被下面砂锅里的麻雀上。一会儿麻雀就煮好了，奇香四溢。那香味之美，你到现在还记得清清楚楚。正当你们准备饱餐一顿的时候，发现糟了，你们那位严厉的班主任偏偏在这个时候很不识趣地出现在教室的门边。大家赶紧把被角扯好，一个个装作正襟危坐的样子。班主任显然也闻到了香味,便在教室里四处寻来寻去,但又终于没有发现什么,最后只好满脸狐疑地离开了。老师刚走,你们便哄堂大笑,正好这时候下课铃也响了,你们知道老师再也不会来了,便掀开被子,抄起筷子,一个人一只。那实在是你生命中最美好的一次晚点。此后你吃过无数次中外美点,但就是没那一次好吃。

不过令你绝对想不到的是,到了一九五八年,也就是大约两年之后,你已经在武汉上高中了,居然又参加了一次规模比你在新民捕雀时大过无数倍的捕麻雀之战。那是在伟大统帅亲自指挥之下,在九百六十万平方公里的国土上,所掀起的一场捕麻雀大战。记得有一天被武汉市规定为"全市捕雀日",工人停工,学生停课,男女老少一起上阵,或登屋顶,或上树梢,手持脸盆扫把,打得武汉市的麻雀满天飞,无地可停,无枝可歇,终于一个个晕头晕脑地栽了下来。这跟你们当年在新民中学所干的把戏一样,所以后来国外有些帝国主义者、反动分子纷纷讥笑伟大领袖。但你心里却一直很同情他,至少在这一件事上,你觉得你的心跟他息息相通。你亲切地感受到了他那种诗人的气质和天真的情怀,古人不是说过"大人者,不失其赤子之心者也"吗?这有什么好笑的呢?你们这些洋笨蛋。

班主任

你努力想搜索一下你记忆屏幕上初中师长的身影,立刻出现的,也最清晰的,是你的校长王会安。中等偏矮的个子,不胖不瘦,五体停匀,圆圆的脸,端正温和,安排得非常妥帖的五官,慈祥中有一股英气,每每令你想起孙中山。接着出来的便是一张马脸,下巴略尖,两道扫帚眉,宽宽的,却并不浓,鼻子颇高,中间隆起,这使他有点像洋鬼子,个子也高高瘦瘦的。那时他只有二十七八的年纪,结了婚,但似乎还没有当上父亲。他就是你初中二年级到三年级的班主任卢达仁。你后来很惊讶地发现,他的太太居然是你的表姐——不过不是亲表姐,是堂舅的女儿。

卢老师是你初中三年中接触最多的师长。但你直到现在都还吃不准该怎么去评价这个人。他无疑是一个聪明人,但他留在你的记忆中的印象,却远不像王校长那样正派慈祥而富有同情心。每次想到他,你总是无法忘记,他那次玩弄小小的诡计,借口班上有同学丢了东西,而把全班同学关在教室里,却派两个班干部(大概是班长和团支书)去搜查你们寝室。结果自然没有搜到什么赃物,却"意外"发现了你母亲写给你的一札信件。他把这札信件上交给学校领导,于是你就成了他积极申请入党的贡品与祭品。你也就是在他的手上,拿到了那年的丙等操行。如果不是王校长后来替你把丙等改成乙等,那么你到武汉就考不上高中,你的人生道路肯定就要改写了。你努力地去想他的许多好处,却始终无法忘记这刻骨铭心的刀痕。你到现在自然可以原谅他,你知道在那个年代,所有要求进步的革命青年都是这样做的。人的自私的本性,在那个年代总是穿着"无私"、"讲原则"、"大义灭亲"这些华丽的服装上台演出的。你可以不计较卢老师为了自己的前途而对你使出的这种小伎俩,但是你却因而更加体会到王校长的爱心与伟大。你也因而知道,无论在多么龌龊的时刻,一个真正正直的人,与不够正直的人,他们的表现还是会有区别的。

但是平心而论,除了这件事以外,他并没有与你特别为难的地方。

作为你的班主任,他自然明白你是班上最优秀最聪明的学生,只是努力把自己对你的欣赏不表现出来而已。你那时个子很矮小,初中三年都坐在第一排。他讲课时常常就站在你的脸前,距离不到一米。有一次读鲁迅的一篇文章,他要大家把这篇文章分成几个大段,每一段取一个简短的小标题。他话一停,你也没举手就把你的分法跟标题讲了出来,你明显看到他露出一脸十分惊讶的神色,下意识地把捏在他手中的备课笔记本翻过面去。你心里不禁得意地窃笑,因为你的分法跟标题都跟他的一样,他怀疑你是看到了他的备课本才说出来的。还有一次他组织了一个全班的猜谜晚会,三个甲等奖居然被你包了,你到现在还记得其中一个字谜是这样的:"莫要中间,亦不要下头,只要上头。尚要上头做下头,须将左边做右边"(答案且不说,读者猜吧)。到第二次再办猜谜会的时候,他就把你叫去,要你帮他自编几个谜语。初三下学期,全校举行数学、作文、演讲比赛,你得了两个第一名、一个第四名。颁奖时却有一个最贵重的奖品——一支钢笔还没到货,校长说货到了再补发。这钢笔一直到期末才到,那时候你已经收拾行李准备去武汉了,根本没把这事放在心上。有一天他特地告诉你钢笔到了,要你去领奖。你说你不要了,他却立刻说:"怎么可以不要?这是你的奖品。来,我带你去。"他居然牵起你的手,把你领到教务处去拿钢笔。这是两年来他对你最温情的一次表示,也因而使你对他的不满至少降低了一半。难道是人之将别,其行也善?

你后来去了武汉,考上了湖北省当时最好的高中。开学不久,你给他写了一封信,也是此生给他写的唯一的一封,向他描述新的学校是如何气派,校园如何漂亮,生活如何舒适,同学又如何优秀。你不得不承认,这封信的主旨其实不是向你过去的师长报告自己的喜悦,乃是一个获胜者向他过去的对手炫耀自己的得意。

你从此再没有见过他，但那些往事却时时浮出在你的心头。你很想弄清楚，他当时究竟为什么要干那件事情？有没有可能是学校的党支部对他下达的命令，他只是一个执行者而已，你是不是错怪了他？你也很想问问他对你的真实看法，当时有没有不得已的苦衷？后来有没有心生歉意？但可惜，你听邹发祥说，他几年前已经过世了。

老校医

你继续努力搜索，却再也想不起一张清晰的老师的面孔。但是一位老校医的身影却清清楚楚地浮现上来。说他老，是那个时候你的感觉，现在想起来恐怕也就五十来岁吧。已经发福的个子略显臃肿，尤其是那张圆圆的脸，总是有点睡眼惺忪的表情，架着一副眼镜。如果你现在见到，会推测他属于酒色过度的那类男人。但是那时在你们乡下的学校里，既无酒，更没有色，所以看来也不大像。不过他来你们学校前是国民党军队里的军医，在军队里是什么样的德行那可就不得而知了。

他留在你记忆中的最典型的镜头就是对人非常和气，老是佝偻着腰，忙进忙出，给这个学生擦点红药水，给那个学生包块纱布。他抽烟的本事很大，他可以让一根烟粘在下嘴唇皮上，不抽，烟就垂在那里，居然也不掉下来。他跟你很熟，你常去看病，你的瘌痢头就是他替你治好的，你大便带血也在他手中得到控制，所以你挺感谢他的。后来熟到有事没事就到医务室去逛一逛，他就老是开开玩笑，逗着你玩。有一

初中一年级还长着瘌痢头的你。

（一九五四年秋摄于衡阳）

次,他嘴上叼着烟,低着头给你开药方,突然问你:"唉,唐翼明,你叫什么名字啊?"你不禁哈哈大笑,他才缓过神来,也跟着哈哈大笑,两个人笑作一团。

你进新民中学的时候就是带着痫痢头进去的,在金溪庙你从来没有治过你的痫痢头,管不上,也没钱管。对你伯父而言,那是完全不相干的事,就像鸟拉屎一样,一点都不稀奇。到了新民中学,居然有医务室,居然有位校医整天坐在里面看病,你这才像得了救星一样,去找这位嘴皮上叼着香烟,脸上架着眼镜,有点臃肿的老校医。他说:"你怎么搞的啊? 怎么都不治啊? 这样漂亮的奶仔,以后还要不要找老婆啊?"然后他开始给你治。那办法很野蛮,你记得他在你头上先是涂一层碘酒,然后再涂一层什么药膏,头上就像着了一盆火,痛得你坐也不是站也不是,直想叫妈。他说:"奶仔啊,要忍着啊,这没别的办法,你想讨老婆就要吃这个苦啊。"你痛得冲出医务室的门,跑到操场上。你突然发现迎风跑步的时候疼痛会减轻,会比较好受一点。于是从此你每天晚上吃完晚饭,就去医务室,让他给你上药,然后就到操场上去跑步,沿着操场至少跑上十圈,等到头皮麻木,不再疼得那么厉害的时候才停下来。如此治了一年多,居然把那丑恶可怕的痫痢治好了,结痂脱皮,不久竟慢慢长出了新头发。到初二下半学期时,你又变成一个漂亮的奶仔了。

你的肚子痛也是他治好的。他给你吃了些什么药你当然不知道,你只记得过几天就去拿药,到后来肚子就不那么经常痛了,大便带血的现象也慢慢停止了。你不仅心里感激他,而且觉得这个有点糊涂的老头儿很可爱。他也似乎对你特别好,每次都要调侃你几句:"唐翼明啊,以后讨了漂亮老婆可不要忘记我啊!"

你后来又得了百日咳和鼻炎,也是找他看的。事实上除了他,也没有人可以找。同学们因为都找他看病，所以都跟他熟，也常常会在背后谈到他。关于他，你听到的最令你吃惊的一个故事是，你们班上有一个年纪最大的女孩，你们念初二的时候都是十三四岁，那个女同学据说已经快十七八了，长得不算漂亮也不丑。不知什么时候你们的班主任——不是卢达仁，是卢达仁之前的一个，姓颜，是个转业军人，长得黑黑的，很喜欢笑，不像卢达仁那么严肃，班上的同学，尤其是男孩子们，都说他好色，对女同学特别好，不久就传出了他跟班上那个年纪最大的女孩恋爱的事情。在那个年代，师生恋可是一桩大事，是绝对不能容忍的。后来颜老师就受了处分，而且离开了新民中学。记得离开前，还特别邀了你们几个他喜欢的男生聚了一次，你只记得他腼腆腆的，面带愧色。你心里突然升起一股男子汉的侠义心肠，从前对他的嘲弄此刻却被一种男人特有的同情心取代了。颜老师走了以后，你听到一个最机密的消息，说那个女同学其实怀了孕，是这个老校医帮助解决的。不知为什么，你们那一群小男孩知道这样的事情一定要保守绝对的机密，是不可以随便乱讲的。你从此以后再见到这位老校医，就觉得他好像更慈祥更和善了，那肌肉松弛的团团的脸，也有点像个菩萨了。

你毕业离开新民中学以后，不知从什么途径听到消息，说他第二年就被打成右派，被赶出了新民中学，后来不知到哪里去了。唉，你现在居然连他的名字都想不起来。

诺贝尔梦

你如果说你曾经做过得诺贝尔奖的梦，而且是科学的，不是文学的，大概没人会相信。你一辈子似乎没有跟科学发生过什么关系，如果把"唐翼明"三个字键进"百度"搜索一下，也查不出任何一本著作或是任何一次演讲跟科学有关。但你的确做过得诺贝尔奖的梦，而且这个梦还很长，至少做了六年，你为此付出过很多心血。

你刚进初中的时候，就收到你母亲从香港转过来的一封信，信上谆谆勉励你将来做一个科学家，以科学报国，不要多花时间在文史上，科学是实的，文史是虚的，前者与国计民生直接相关，后者则较远。多年以后，你明白了你母亲写这封信的苦心，其实是叫你远离意识形态，弄那玩意儿太危险，不如学点一技之长。不过在当时，你自然不可能想到母亲的这一层用意，只是觉得母命不可违，自当谨遵。幸好你对各种知识都有兴趣，数理化对于你一点都不困难。而那时的中国也正当除旧布新之际，向苏联老大哥学习，早日建成共产主义,是当时全民的理想。而所谓共产主义,就是"楼上楼下,电灯电话",就是"工业化加电气化"(那个时候还没有流行"现代化"这个词)。接着又搞"大跃进",而且提出了一条总路线,要"多、快、好、省地建设社会主义"。所以当时全国青年学习科学的热情是很高的,有一句话说:"学好数理化,走遍天下都不怕。"虽然这句话后来颇受批判(说是只专不红),在当时学生的心目中却几乎是一种信仰。所以你在中学六年中花在数理化和外语上的工夫比花在文史上的工夫要多得多。

一些小小的胜利也鼓励了你的野心。初中三年级的时候,全校举行数学比赛,赛完之后你把握十足,因为所有的题目你的答案都是正确的。可是第二天清早,你从寝室里走出来,正好碰到你的数学老师,他一直都很喜欢你,因为你的数学成绩在班上总是最好的,他正在天井边刷牙,含着一把牙刷,满口的泡沫,一眼看见你,就说:"唐翼明,你这次怎么搞的?题题都对,但是有一题的演算过程却错了。本来第一是你的,现在却拿不到了。"你问他是哪一题,他就详详细细地告诉了你。你听了不服气,说:"老师,我没有错。"然后把你的思路告诉了他。他当时没有做声,下午又把你叫去,跟你说:"我们把你的算法讨论了一遍,没想到你这小子发明了一种新算法,我们的教科书和教学参考书上都没有,而且你的办法比原来的办法简单。算你好运气,第一名还是你的。"这件事情让本来就自信的你更有了自信的理由。还有一次,一道几何题全班都做不出来,你那天晚上却在梦里把它解出来了,爬起来写下你的答案,第二天跟老师的解答完全一致,你自然又扬扬得意了一阵。

到了高中,你最崇拜的老师是教物理的张仲轩老师。你的物理成绩是班上最好的,数学也一样。在高三毕业考大学的前夕,你们曾经搞过一种所谓"攻关战"——那是"大跃进"当中流行的术语。一次把几百道数学题写在纸上，用绳子牵起来，沿着教室的墙壁挂得满满的。大家坐在教室里一道道地做，谁先做好谁就可以离开。常常一连几个钟头鸦雀无声，一个个都在埋头苦干（那时候的学生还真乖，也真拼），你通常是最先走出教室的一个，而很多同学连一半题目都答不出来。高中三年，首先碰上反右，然后是"大跃进"，大办钢铁，紧接着是教育改革，最后遇上了三年自然灾害，所以那几年一次竞赛都没有搞过。直到临毕业前，刘少奇主政，才搞了一点"复辟"。高三下学期，你赶上了三年来唯一的一次竞赛，是全武汉市俄文演讲比赛，而你又偏偏拿了第一名。

这些小胜利让你有点飘飘然，忘乎所以，忘记了你是"外逃的反革命分子"的"狗崽子"，忘记了你是"中国人民头号敌人"蒋介石的侍从秘书的儿子。你自以为长在红旗下，热爱新中国，崇拜毛泽东，虽然没有入团（你当然入不了），但也不是落后分子。你犯的一个最大错误，就是把高考（那个时候叫全国统考）等同于旧时代的科举，以为是凭成绩、凭本事，"成绩是硬道理"，如果我考第一第二，难道能不取我吗？于是你填报志愿的时候，就完全不切实际，你第一志愿连北大、清华都不屑填，而选择了一个你当时认为最有前途、最重科学的大学，那就是刚刚兴办才两年的中国科学技术大学。校长是由中国科学院院长郭沫若亲自兼任，授课的教授大多是科学院的院士（当时叫学部委员）。你报的系是地球物理系，这个系是研究人造卫星、火箭、导弹之类前沿科学的。人类的第一颗人造卫星三年前（一九五七年）才由苏联发射成功，当然世界上没有比这更尖端的科学技术了。你那时相当狂妄，以为进这样的大学这样的系如探囊取物，舍我其谁？以后再拿诺贝尔奖，为咱们中国人争一口气。三年前，杨振宁跟李政道两个华人第一次得到此奖，但他们毕竟是人在美国，入了美国籍，你则要在新中国的

青年时代的你，望着远方的天空，是不是在做诺贝尔梦呢？

（一九六○年代摄于武汉）

土地上成为拿诺贝尔奖的人。

其实也不能说你太狂妄，事后证明，你是有资格做做这个梦的。你后来任教的三阳路中学校长兼党委书记赵篯，原本是武汉市教育局的人事科长，她亲自看过你的材料，因为赏识你，跟你私交很好，有一次她私下告诉你，你当年的高考成绩是全湖北省第二名。她说，当时湖北省高考成绩五科平均在九十五分以上的一共有五个人，你是第二名，也是唯一没有录取的一个。湖北省是教育相当发达的一个省，武汉市高等学校数量之多在全国是前三名（其他两个是北京和西安，那时上海还不在内），那么以湖北省第二名的成绩在全国算起来，应当在前十名之内，至少也不应当落在前二十名以外吧。那么，如果公平竞争，进入科技大地球物理系的确也就是探囊取物而已。

但是那一年你竟然名落孙山，不仅科技大没有取，北大、清华也没有取，连武大都没有取，全国重点大学没有一个要你，地区性的大学，如华师、武师也没有你的份，最后，连专科学校也没有你的份。你这样说，不是为了营造文章"层层递进"的语气，而是照实描述，因为录取的名单当时就是这样一批一批先后公布的。总而言之，几乎你所有的同学都榜上有名，连经你辅导的最差的一个印尼侨生（你是班上的课代表，有责任辅导成绩差的同学），数学期末考只考了九分的李××，都被录取了。但你终于没有听到宣读自己的名字。那个时候，省实验中学的高考升学率几乎是百分之百，考不上任何大学（包括专科）的简直就是异数中的异数，而偏偏就被你碰上了。

你在床上躺了三天三夜，不吃不睡，总算没有发疯。上大学的梦破灭了，诺贝尔奖的梦自然也跟着醒了。你从来不服输，这一次服输了。

你这一辈子注定跟诺贝尔奖无缘，去他的！

何校长

你记得你是一九五七年七月来到武汉的，两个月后，你就考进了武昌实验中学。那是一所名校，当时所有的人都确认，那是全湖北省最好的中学，连校名都是毛泽东题写的。它坐落在武昌司门口附近一个叫西卷棚的地方，据说那西卷棚就是当年科举时代的考试场。校门口对面一个古旧的牌坊上写着"唯楚有材"四个大字，仿佛在昭示着当年应考士子们的飞扬意气。

那年你一个湖南衡阳乡下的放牛娃，居然以第二名的成绩考进了这所雄冠湖北全省的名校。十五岁的你，免不了有一些踌躇满志，走在两旁布满夹竹桃的红石大道上，你想来有一股英姿飒爽的味道。你那时像块海绵，在这个美丽的校园里，拼命地汲取一切可以汲取到的水分和养料。三年里，你的成绩始终名列前茅，凡遇到考试比赛，不是第一，便是第二。临到高中毕业那年，你还为学校夺得了全武汉市俄文演讲的冠军。你意气风发，老师们也都很喜欢你，虽然因为出身不好，你入不了团,当不上班长,但是你一直是课代表,即所谓技术干部。

高考到了,你满怀信心,五门考试下来,你确信自己发挥得很好,你觉得你有把握考取任何一所最好的大学、最好的科系。你瞄中了一个当时刚刚创办才两年的中国科学技术大学,因为你那时的理想是拿诺贝尔奖。现在的你,想起当时的你,觉得实在天真幼稚得可以,真像陆放翁诗中所说的"早岁哪知世事艰,中原北望气如山"。所以上帝要给你一点惩罚,杀杀你的气焰,结果高考放榜的时候,毫不客气地让你名落孙山,居然连个专科都上不了。这是你求学生涯中第一次碰到如此重大的挫折,你完全不能接受,躺在床上三天三夜,不吃不喝,觉得前途一片渺茫。

而且最糟糕的是,别人考不上,可以待在家里,可你没有家,你在武汉最近的亲戚是一个表姐,你总不能待在表姐家里吧。那么你要到哪里去睡觉呢?你要到哪里去吃饭呢?你不是没有父母,但他们远在台湾,而且是可怕的"外逃的反革命分子"(你后来知道正是因为这个,让你在报考大学之前就已经注定了落榜的命运),所以实际上你等于是一个孤儿。你想起雨果的《悲惨世界》,你想起狄更斯的《大卫·柯柏菲尔》,你的处境比书中的主人公也好不了多少。

但是,你居然绝处逢生。一天,你被叫到校长的办公室,坐在办公桌后面的就是全校师生都熟悉的何为校长,你自然也认识他,你心里一直对他有好感,因为他总是那样温文儒雅。才三十多岁,戴一副银边眼镜,作报告的时候,普通话里夹着一些东北腔,尤其把"人"字念成"银"字,让你至今还记忆深刻。年轻的何校长从眼镜片后面恳切地盯着你,说:"唐翼明,校领导经过研究,决定把你留在我们自己的身边培养。"一开始你不大懂,便问:"校长的意思是……"他说:"你就留在我们学校做老师吧,教初中的俄文。"就这样,你一个高中毕业生,居然成了初中教师。那一年你十八岁,你的学生们十三四岁,还有两个侨生二十岁,比你还大两岁。很巧,何校长的大女儿也在这群学生当中,漂亮而活泼。你很喜欢她。

你后来一直琢磨何校长那天说的话,琢磨了十几年,何校长为什么不直说"我们决定让你留校",而要说"我们决定把你留在我们自己的身边培养"?直到二十年后,你已经当了多年的中学教师,经历了"文化大革命",改革开放后又考上了研究生,拿到了硕士学位,准备去美国留学。临行前夕,你又去看望这位你心里一直惦记着的何校长。这个时候,他已经是五十多岁的人了,不再年轻,但还是那样的温文儒雅,他竟然抓住你的双手,激动地说:"唐翼明啊,我们对不起你啊,那时候谁不知道你是学校最好的学生,可是我们有什么办法呢?我们能说什么呢?除了把你留在学

初为人师时。(大约摄于一九六二年)

校,留在我们自己的身边,还有什么更好的办法呢?"说着说着,两行眼泪从镜片后面流了下来,一直流到下巴。就好像一个父亲在对一个出息了的儿子忏悔自己当年没有能力让儿子深造,其实这完全不是他的过错。你到这个时候才真正明白一个教育家的为国惜才之心,以及有苦难言之隐。你心里其实一直感念着何校长,你很明白,如果不是他把你留在学校任教,你会是一种什么样的处境。也许最终你还是会找到一碗饭吃,找到一张床睡,但你很可能就从此远离了学校,远离了图书馆,远离了探求知识的氛围。再加上"文革"十年的摧残,甚至可能远离了书本,那么你后来的一切,硕士、出国、哥伦比亚大学、博士、台湾、政治大学、教授,大概都成了泡影。如果说没有何校长的识才怜才,就没有你的今天,应当不过分吧。你自己也是一个识才怜才的人,所以你懂得这背后所跳动着的那一颗爱人、爱生活、爱知识、爱一切美好事物的热切的心。你因此尊敬何校长,尊敬他是一个真正的教育家。而且你当然知道在那样的年代,作出这样的决定,需要多大的爱心,又需要多大的勇气。

你也是一个知恩感恩的人,你不可能忘记他在你最潦倒最困顿的时候,所伸出的那双大而温暖的手。所以后来你在几十年的教学生涯中,也以同样的爱心,同样的惜才怜才之心对待你的学生。而你的学生中,也出了一批优秀的有出息的人才。你以为,这就是你报答老校长的最好的方式。你后来从美国哥伦比亚大学获得博士学位以后,去台湾侍亲,在政治大学任教,每次回大陆讲学路经武汉,你都会去拜访他,而他每次也都牵着你的手,高兴得像一个孩子,说:"唐翼明,我们回实验中学去看看(那时他已经退休了,不过还担任着实验中学的名誉校长)。"一到学校,老师们同学们都围上来,说:"老校长来喽!"于是他不停地向每一位围过来的老师和学生激动地介绍说:"你们知道吗?这是我们的老校友唐翼明,他现在已经是国际知名的学者啦,著作等身啊,你们要向他学啊!"你当然知道老校长的话带了几分夸张,但是你仍然深深地感念他那一颗真诚的心,还是当年那一颗惜才爱才的赤子之心,一颗老教育家的为国树人的诚挚的心。

从你一九五七年进实验中学起,他就是实验中学的校长,现在他八十多岁了,仍然是实验中学的名誉校长,整整半个世纪,他把他全部的青春、热血、智慧和精力都贡献给了这个学校。实验中学毕业的学生,个个都像你一样心里充满了对这位老校长、老教育家真诚的崇敬与爱戴。几个月前,你又一次去看他,他又一次牵着你的手,带你回了一趟老校园,"我们这个学校还是出了不少人才啊!"他赞叹着,又似乎叹息着,眼睛里有自豪的光,但也有一丝失落。你觉得你理解他。你在想,今天的中国,改革开放的中国,经济腾飞的中国,但是也问题丛生的中国,是多么需要人才啊,我们多么需要一千个、一万个像何校长这样把自己的整个生命奉献给教育事业,真心诚意地为国育才的好校长啊!

收泼油的老妇人

古语云"覆水难收"，泼在地上的水是收不回去的。京剧《马前泼水》写汉朝朱买臣的故事，那离开朱买臣的女人想要回来，朱买臣在地上泼了一碗水，就是要告诉他前妻，事情已经无可挽回了。

水泼在地上收不回来，如果是油泼在地上收不收得回来呢？你当然会说，那自然也收不回来。慢点，你错了，油泼在地上，有时候是可以收回来的。你不信吗？那么让我来告诉你一个我亲眼见到的故事。

我刚到汉口三阳路中学教书的时候，二十一岁。住在简陋的教师宿舍里，三个老师共一个房间。当时最令我困扰的一件事是洗衣服，不仅洗起来很费事，尤其不知道洗完了晾在哪里为好。这时候出现了一个老妇人，帮了我们的忙。那老妇人是怎么出现的，我现在已经记不起来。只记得她是一个寡妇，带着三个女儿，其中一个就在我们学校念书。那老妇人个子非常瘦小，最多不会超过一米四五，身上瘦得几乎看不见肉。不过四十出头，但头发已经花白。脸上也瘦骨嶙峋，是一副苦命相。每次看到她就令我想起祥林嫂。但是祥林嫂比她高大，至少还有过白白胖胖的时候，而她却似乎从来没有，她顶多只是像走向末路前的祥林嫂。她替我们那些住在一排单身宿舍的老师们洗衣服、洗被子。我记得似乎包一个月的衣服、被子是三块人民币。虽然我那时候的工资一个月也只有四十块，但抽出三块钱解决洗衣服的问题还是上算的。何况这老妇人（叫她老妇人未免有点过分，她当时的年纪正是现在所谓一枝花的年纪，可她的样子又让我想不出别的好词来形容）又老实又可靠又可怜，每月给她三块钱还像有一点积阴德的感觉。

她总是每个星期天傍晚来学校取衣服，两三天之后便把叠得整整齐齐的衣服送回来。有一天她送了衣服给我，转身离去，我正好要上街买点东西，便与她同行。她听说我要去买东西，便说她也要去打点油，于是我们便一起走向学校附近的杂货店。我买了一包饼干，她则打了八两油，买了一碗咸菜。她的家住在街对面，于是便提了东西走过马路去。我看她走到街中，突然一个趔趄，倒在路上。油瓶自然破了，油从破了的油瓶中流出来。幸而那个时候中国还没有私家车，街上除了偶尔驶过的公共汽车和无轨电车以外，便只有行人和脚踏车，所以那老妇人的生命安全倒不是迫在眉睫的事情。不过既然在马路中央，到底也还是危险的。我正想走过去帮她扶一把，但令我惊讶的是，她似乎并没有想站起来的意思。她只是蓬头散发地坐在那里，发疯似的瞪着正在漫开的油。突然，她用极快的速度扶正了半截瓶子，又抛掉碗中的咸菜。接下来的事情更让我目瞪口呆。只见她飞快地脱掉上身的棉布衫，立刻把那棉布衫铺在正要漫开的油上，用棉布衫把那油吸起来，然后提起，把油拧在那碗里。她似乎全然没有顾及人行道上和街上人们的目光，正盯着她的奇怪的动作，而且看着她那一丝不挂的露出肩胛的上半身，两个布袋似的空奶子正在那里甩来甩去。她全神贯注地做着那件事，把马路上所有能吸起来的油，连同灰尘和泥沙都拧在她那原来装咸菜的碗里，一直到她确认马路上再没有一滴剩油，才慢慢地端起那半瓶油和那半碗泼了又收回来的油，缓缓地立起身。她这才似乎注意到四周的目光，不过她好像也没有觉得多么羞耻，只是略微弓了弓背，她的注意力仍然在手上的破油瓶和半碗残油，两个布袋似的空奶子仍然晃荡着。一辆公共汽车在她面前呼啸而过，她略微停了停，再穿过马路，走上人行道，最后消失在街对面的小巷中。

　　我被眼前这个老妇人的行为震撼了。那正是大饥荒还没过完而物资还十分紧俏的年代，每个武汉市民每个月只有半斤肉、二两油，连肥皂、草纸都要凭票供应，没人不懂得钱和物资的金贵。但这个老妇人的行为仍然超出我的想象。那八两油（她们全家一个月的油）对她如此之重要，我是在这一刻里才真正理解的。我也从此确信，对于一个普通人而言，活着毕竟是第一位的，"民以食为天"，倘若连最基本的生活物资都不能满足，则一切所谓"理想"、"礼义"，上至崇高的乌托邦，下至基本的羞耻心，恐怕都不免会流为空谈的吧。

一夕成名

　　你到现在还不是明星，以后大概也不会有成为明星的希望，而且老实说，你也完全没有当明星的兴趣，因为你已经尝过一夕成名的滋味。那是一九六六年六月十一日，一个普普通通的日子，但在你个人的生命史上，却是浓墨重彩的一笔。事隔四十三年，居然很多细节竟还历历在目。几十年来你努力不去想它，也很少向人谈起，但你知道它已经深深地刻在你的记忆里，或者说已经被压到潜意识里，无数次从噩梦中惊醒，大抵都是从这一天开始的事情在作怪。前几天，跟一位比你年轻的朋友提到此事，她建议你写下来，你想想觉得也对。把它写出来，或许对健康有益，那就写一写吧，免得将来得了健忘症，想写也写不出来了。

　　事情发生在一九六六年的夏天，其时"文革"已经开始，"五一六"通知已经下达，六月一日《人民日报》刊出了气势豪迈的社论《横扫一切牛鬼蛇神》，报纸上每天都有各地"文革"进展的消息与报道。你那时对政治颇敏感,思想相当进步,知道一场伟大的革命正在兴起,但这场革命同自己有什么关系却毫无先见之明。六月十一日那天,天气晴朗,早上吃完饭照常去学校上课、上班。你那时教初三的语文,因为初三(二)班的班主任怀孕生产,所以你同时兼任这个班的代理班主任。这个班的教室位于你们学校唯一的一座教学大楼的顶层四楼,而且是最靠角上的一间房,从窗户里俯看下去,是学校的篮球场,穿过篮球场,斜对面是老师的办公区,连着几间教研室,再进去就是行政人员的办公区,最里边是校长室。

午饭后学生们趴在课桌上睡午觉,你则在教室里巡视。突然一个女生出现在门口,叫了你一声,说:"校长叫你去。"这个女生是学生会的干部,活泼开朗,你平时很喜欢她。但是她今天叫你的声音却有点冷冰冰的,不过你也没有多想,便赶紧跟着她,一脚跨出教室。一刹那间,突然发现自己已经踏进了一个魔术世界——整个教学大楼的第四层楼的走廊上全部挂满了大字报,大字报是用黑色的毛笔写的,可是很多地方却用红色的毛笔画上了道道、波浪线。你第一眼看到的标题就是"揪出现行反革命分子唐翼明",唐翼明三个字用红圈圈起来,上面还加上一个大大的红叉,仿佛要把唐翼明钉在一个红色的十字架上,只可惜这个红十字架却是歪的。再望过去,所有的大字报也大都是这个格式,标题虽然略有不同,也不过是大同小异,例如"揪出"换成"打倒"、"批倒"、"斗臭","反革命分子"换成"反党、反社会主义、反毛泽东思想的三反分子"、"伪装的敌人"之类。你那一年二十四岁,身体还算健康,心脏没有什么毛病,所以虽然觉得很神奇,但并未晕倒。学生正在午睡,四周安安静静,你跟着那位女生,从四楼下到三楼,令你不胜好奇的是,三楼的走廊居然和四楼一样的打扮,墙上也都挂满了黑字红叉的大字报。于是又下到二楼,竟然还是如此,下到一楼,也一样。你当时心中最大的疑问是：所有这些大字报怎么会突然在半个小时之内都冒了出来？在这之前，学校不仅没有一张大字报，也都没有关于你的任何消息。

教学大楼下到了底，接下去穿过操场，操场的顶端是跟居民区隔开的墙壁，你发现那墙壁上竟然也贴满了大字报。接着进入教师和行政人员的工作区，发现所有的过道上、墙壁上也是一色的大字报，连每张大字报的大小、纸张也都一模一样。这个时候你的心里除了惊讶便只剩下佩服，保密工作做得如此之好，效率如此之高，行动如此之一致，都是你这个二十四岁的青年生平第一次见到。穿过整排的教研室和办公室，便来到了最里间的校长室。你们的校长叫赵箴，是一位中年女子，比你大一轮，那时也不过三十五六岁，她和你关系相当好，应该说她很器重你。她是一个南下的老干部，东北人，十六岁就入了党，人很直爽，书虽然读得不多，但却颇识才而且爱才，她常常在大大小小的会议上夸奖你，说你虽然只有高中毕业，却比许多大学毕业生教得更好。你那时颇感谢她，所以工作也特别卖力。她人很和气，对你则和气中还带着几分亲热。可是那天一踏进她的办公室，却发现办公桌后面是你从没有见过的一张冷脸，她也没叫你坐下，劈头就是一句："唐翼明，你还有什么事没有向党交代的吗？"你一时反应不过来，什么事没有向党交代？你的情况她不是都一清二楚吗？你也从来没有向她隐瞒过什么，也没什么可隐瞒的，所以只回答了两个字："没有。"于是她提高了声音，用更加严厉的语气说："到了这个时候，还不老实交代！"便挥了挥手，示意那个学生把你带出去，于是你跟着那个女生走出校长办公室，穿过琳琅满目的大字报，来到夹在教研区和行政办公区中间的一个小房子，你记得好像是当时学校团委的办公室。房子小小的，大概只有十来个平方米，门对着办公区中间的走道。屋里已经空空的，看来是把东西都搬走了，只剩下一张桌子两把椅子。你刚进屋，转过身来，立刻就发现有两个学生手持水火棒，站在门口，像一对门神。你在椅子上坐下来，发现桌面上有一层灰，你用手指沾了唾沫在上面画了几个字，你记得是："相信群众相信党"。

又过了几分钟，突然听到门口一阵喧嚣声，原来是学生午睡结束了。立刻就有人搬了一张桌子，横拦在门口，你伸出头一望，看到一个老师领着一群学生从操场上走过来。仔细看时，你又吃了一惊，原来领头的老师正是你的好朋。他们一边走一边愤怒地呼喊着："打倒现行反革命分子唐翼明！"很快就拥到了你所在这间办公室的门口，你也同时被那两个手持水火棒的学生推上了门口刚摆好的条桌，一阵怒吼："低头！弯腰！"两双大手立刻就从你的背上压下来，你突然想起一句俗语："人在屋檐下，不得不低头。"于是也就乖乖地低头、弯腰。后来你不久就知道了这个姿势将成为这个有着九百六十万平方公里、十亿人口、五千年文明的国家，在连续十年当中遍布全国的经典姿势。只是后来又略有发展，即两手还要手心向上，像鸟的翅膀那样张开，挺直，抬高，聪明的中国人给它起了一个形象的名字，叫做"坐喷气式飞机"，或简称为"坐喷气式"。这名词其实很时髦，因为喷气式飞机那时候才发明不久，全中国可能还没有多少架。但这种人体式飞机倒是在短短的时间内就立刻风靡了这个伟大古老的国度。你有幸成为这种人体喷气式飞机最早的乘客（或驾驶员？或模仿者？）之一。

你当天就以这个漂亮而时髦的姿势站在小桌上，底下是团团围住的学生和若干积极的老师。人越聚越多，口号越来越响，这个姿势不知道维持了多久，现在算起来应该不会超过五个钟头，因为六点钟放学，喊口号的人也饿了，总是要吃饭的吧。你那个时候很年轻，体力也好，场面又是如此新奇和刺激，让你来不及感受疲倦和痛苦。天色暗下来了,门前的人也渐渐地散了,你也终于被放了下来,但手持水火棒的两位学生一直很负责任地守在门口。不久就送来了一碗饭,饭上面还有一些菜,你居然也没有觉得什么胃口不好,竟狼吞虎咽地把它吃了。后来又来了几个学生,背了两条条凳和几块木板来,在墙角架起了一个临时的床铺。你心里明白,今天晚上大概就要睡在这里了。你突然觉得要小便,便问那两个手持水火棒的学生,他们竟不知道如何办,于是一个人跑去请示"上级",回来的时候手里拿着一个痰盂(这玩意儿大陆今天已经很少了,但在你年轻的时候则到处都有)丢在墙角,说:"就拉在这里。"在学生面前拉尿,你觉得很不习惯,但终于没有办法,憋了半天还是拉了。后来你又想大便,一位手持水火棒的学生又跑去请示,终于批准,不过增加了两个手持水火棒的学生,四个人押着你穿过操场,去教学楼下面的厕所,因为老师所在的教研区和办公区是没有厕所的。当你走到操场中央的时候,突然被几个还没有离校的学生发现,于是你立刻听到一阵吆喝:"唐翼明出来了!"不知道从哪里立刻就跑出来许多学生把你给围住,而且人数有越来越多之势。随着口号声、叫喊声,有几只拳头就打到了你的脸上跟头上,又有几只脚踢到了你的腿上、屁股上,那四个持水火棒的学生想要拦阻,但似乎也拦不住,或许他们也觉得不必太拦,于是你在拳脚交加之中穿过操场,走进厕所,蹲上茅坑,四个手持水火棒的学生则守在厕所门口。你喘了一口气,庆幸其余的学生没有跟着进来。这个厕所一共有四个茅坑,中间只用三块水泥板隔开,水泥板不到一人高,上面是空的。你正在方便时,突然发现有一团东西从后面越过水泥板掉在你的脚边,接着就有一阵冲鼻的臭气散发出来。你当然立刻就明白,那是一坨大便,看来你的后面正蹲着另外一个喜欢恶作剧的小男孩。不过你很幸运,那个不高的水泥板毕竟起了一点作用,使得他没有办法瞄准,所以那坨大便并没有击中你的头，而且那个恶作剧的学生似乎胆子还不够大，丢了一坨大便之后就匆匆地跑了。你完事之后，蹲在茅坑上犹豫了很久，一直等到确认那群对你施以拳脚的学生已经不耐烦地离开，你才站起来系好裤带，在那四个手持水火棒的学生的簇拥之下，用跑步的速度穿过操场，回到那个小办公室。

你终于累了，于是躺到临时架好的木板床上。一时间睡不着，你跟自己说：唐翼明，你终于出名了。不过倒真没想到是以这种方式。几个头衔也让你觉得实在承受不起，"反党"、"反社会主义"、"反毛泽东思想"的"现行反革命分子"，这顶帽子实在是太高了一些。解放的时候你才七岁，除了学校你没有到过任何地方，对毛主席你更是佩服得不得了，毛选四卷一出来你就从头到尾仔细地通读了一遍，一本《毛主席语录》刚出来不久，三百多条，你就可以从头背到尾，说你"反党"、"反社会主义"、"反毛泽东思想"，实在是有点奇怪。不过，你刚才从一张大字报上瞥见了"拓荒者诗社"和"反革命小集团"几个字，你有点明白了，那是几年前你还在省实验中学教书的时候，跟几个喜欢文学的年轻老师组织的一个诗社。可是，你们除了写诗作文之外，并没有干过什么反革命勾当啊，而且在你看来，你们写的诗文也都是革命的啊。就算有点怀才不遇的小资产阶级情调，值得这样翻天覆地吗？但你那个时候毕竟年轻，痛心了一阵，流泪了一阵，最后还是睡着了。直到第二天早上醒来，你才比较清醒了一点。你终于明白，你已经被关在这个小屋里，自由不再属于你。

现在回想起来，一九六六年六月十一日，对于别人，只是一个普普通通的日子，但对于你来说，则是一个"飞跃"。你从此告别了幼稚，成了一个不可救药的怀疑主义者。

　　你一直认为，人的记忆不是连续的，而是
断断续续点状的，能够深深地留在你的记忆
里的，总是那些最亮的点，或最黑的点；最美
的点，或最丑的点；最好的点，或最坏的点；最
高兴的点，或最悲哀的点。还有一种点，不怎
么好形容，你想起来也许啼笑皆非，你姑且名
之为荒谬的点，这也许是你一辈子最难抹去
的地方。你对十年"文革"的记忆就是由这许
许多多的亮点黑点美点丑点所组织起来的，
而其中最难忘的，却是一些荒谬的点。比如一
九六六年六月十一日，那一天中午你从巡视
午睡的教室走出来，突然发现满校都是关于
你的大字报，所有的人都变了脸，朋友成了仇
人，学生成了敌人，那种荒谬的感觉真是难以
言传。

　　你在"文革"当中碰到第二个这样的点，
是在两个月以后。你在团委办公室里关了二
十多天，这中间上面派来了工作组，说要执行
政策，决定把你从团委办公室放出来，到群众
中接受批判，也说服了学生不再乱动拳脚。如

此又过了一个多月，突然从北京刮过来一阵"破四旧、横扫牛鬼蛇神"之风，立刻席卷全国。伟大领袖四十年前在《湖南农民运动考察报告》中所写的对付地主老爷们、大奶奶、少奶奶们的手段全都被搬了出来，再加革命群众的创造发明，增加了若干新花样，于是全国兴起了抄家、烧书、戴高帽、挂黑牌游街示众、坐喷气式连带拳打脚踢的批斗，一时风起云涌，壮观非常。所有跟牛、蛇、鬼、神牵得上关系的人都一概被揪了出来，脖子上挂上各种各样的招牌，例如"历史反革命"、"现行反革命"、"走资派"、"三反分子"、"地主"、"富农"、"不法资本家"、"右派分子"、"摘帽右派"、"反动学术权威"，乃至于"坏分子"、"流氓"、"妓女"、"破鞋"，真是琳琅满目。本来是"六亿神州尽舜尧"，结果一夜之间变成了一半革命群众、一半牛鬼蛇神了。乡下最倒霉的是地主、富农，在城市里，首当其冲的就是老师，因为学校是革命小将最多的地方，所以一口恶气就出在老师们身上。

这股风不久就吹到武汉，吹到你所在的三阳路中学。八月下旬的一天，上午九点多钟，你们四个牛鬼蛇神——最开始只有你一个反革命，过了不久，你们的校长，就是那天把你叫到办公室的赵箴校长，也被揪了出来；罪名是包庇你这位反革命分子，于是成了走资派。再不久，副校长也被揪了出来，罪名是伙同校长执行反革命修正主义路线，当然也是走资派。最后揪出来的，则是一位一九五七年被打成右派的中年老师，罪名不知道，头衔只是老右派。所以此时你们学校是四个牛鬼蛇神——突然被叫到操场上。你非常惊异地发现，那些革命小将竟然要替你们化装。第一步是剃掉头发，三个男人都剃成光瓢，女校长则剃掉一半头发，那时有个雅号叫"阴阳头"。你后来听说，那刚烈的赵校长死命反抗，结果还是一个左派的女教师（那时只有左派教师的话才管点用）出来说了两句话，校长的阴阳头才只动了两刀，而没有完成。接下来的化装是找来四个痰盂，扣在你们的头上，那个长长的洗痰盂的棕刷子则从背后的领口插下去，又用绳子绑住，那样子自然是模仿旧时戏台上罪人绑赴刑场时背上所插的标子，只要一看到那标子，就知道这个人的脑袋很快要与身子分家了。这种戏码除了舞台以外，在我们这个国家的现实当中，也是常常上演的。不要说"文革"当中，就是"文革"以前，在枪毙犯人之前，也每每是这副装扮，那犯人成排地站在一辆敞篷的卡车上，满城游街。你作为一个老师，就经常受命带着你的学生排队到校门口的马路上，观看这些绑赴刑场的罪犯游街。据说这种生动的阶级斗争教育课，可以让孩子们从小就树立阶级斗争观念，痛恨阶级敌人——当然更重要的是从小就心生畏惧，知道如果当了反革命分子或者坏蛋就要照此办理，所以千万干不得。戴上痰盂插上刷子以后，下一步就是拿来四块早就写好字的硬纸牌，为了使人看得清楚，纸牌都做得很大，把整个胸部都盖住了。上面分别写上"反革命分子唐翼明"、"走资派赵箴"、"走资派王荣章"、"老右派分子彭君亮"，自然每一块牌子上都有一个大红圈，加一个大红叉。再接下去，是给你们四个人每人发一个小脸盆，一根木棍，交代你们等一下游街的时候，要隔两分钟敲一次脸盆，然后自报头衔跟名字，即纸板上写的东西，前面加上"我是……"。最后又有人找来一根长绳，把你们四个人的手都系在这根长绳上，就像你们小时候把蚂蚱系在绳子上一样。当他们替你们化装打扮的时候，你自然不能指望他们温文尔雅，像现在描述的这么平静。那是一群革命小将，在旁边吆吆喝喝，伴随着笑声、骂声，时不时地还要敲你几下，嘴里还要不停嚷着："老实一点！"所以你们每个人都只能任由他们摆弄。直到这些装扮完毕，你心里想，大概是要游街了。无意间抬起头来，看到其他三个人的行头，想到自己也一定是这个样子，你并不觉得惊讶，也不难过，却突然有一种特别的滑稽感,你现在想起来觉得应该叫做"荒谬感"比较合适,从你的心底涌起,你突然控制不住自己,竟然笑起来。这一笑不打紧,你越发控制不了自己,最后竟然哈哈大笑起来。一直到一阵棍棒落在你的头上(正确地说是敲在痰盂上),你才慢慢地停止了笑声,意识到在这种场合,笑,是多么不合时宜,甚至可以说是代表顽固与反动。但是当时你就是控制不了自己。这一刻,从此永远地烙在了你的记忆深处,且逐渐压进潜意识。后来,你的枕边人常常说你会在睡梦中大叫大哭大吵大闹,你知道那都是潜意识中类似的点在作怪。

接下去当然是游街。上百人(也许是几百人)一个个臂戴红袖章,手中拿着水火棒之类,簇拥着你们四个,在学校附近的大街上,游了两个钟头。现在留在你的记忆当中的,只是八月如火的骄阳和烤得软软的、黏糊糊的柏油路面,你光着的脚板(他们在游行前已经把你的鞋脱掉了)被烫得很痛很痛,其余的细节你都已经想不起来了。

当学生的脚踏在老师背上的时刻

　　一九六四年初夏,《毛泽东选集》新版问世,你去买了一套,利用暑假,从头至尾一字不漏地读了一遍,对伟大领袖佩服得一塌糊涂,尤其向往他那种包举天下、囊括四海、气吞八荒的气概。他在《湖南农民运动考察报告》当中称赞农民组织起来成立农民协会,"权力无上,不许地主说话,把地主的威风扫光"、"将地主打翻在地,再踏上一只脚"。你那时二十出头,雄心万丈,也颇叛逆,这种话正对你的胃口,读到这样的地方,每每大呼快哉,恨不得连浮三大白。而且,这对你两年后理解史无前例的"文化大革命"、横扫一切牛鬼蛇神、造反派、革命小将、破四旧、抄家杀人、无法无天,有了一种"前理解(pre-understanding)"。但是你万万没有料到的是,自己扮演的角色并非那种威风凛凛的、在别人的背上踏脚的角色,而刚好相反,正是那反动的、可怜的、被打翻在地的角色。

　　你在小屋里关了二十几天之后被放了出来。表面上是行动自由了,但处境却更加恐怖了,因为你发现自己已处在"人民群众的汪洋大海"之中,不仅大字报的揭发、开会的批斗无日或止,而且突然扔来的石头、猝不及防的拳脚乃至棍棒,也是家常便饭。还常常会被革命小将叫住:"来,唐翼明,背一段《毛主席语录》!"他们开个头,你就要接着背下去,直到把那一条背完。你很得意,这件事情难不倒你,因为那本语录你已经从头到尾全部背熟,你因此而免了许多打骂。

在无数次的批斗会中,给你留下最深刻印象的一次是发生在一九六六年的八月下旬。那一天你被拉出去批斗,你已经开始习惯了,所以也没有觉得格外恐惧。但一进会场,便发现今天的布置略有不同,会场的前面放了三张桌子,有两张是叠着放的,所以比旁边的一张高出一倍。你被叫过去,爬上那张矮的桌子,又叫你把头低下,一块重重的、上面写着"现行反革命分子唐翼明"的大牌子就挂到你的脖子上了。无须说明,那"唐翼明"三个字自然是打上一个红圈并加上一个红叉的。然后你又被喝令把双手向后翻起,手心向上,弯腰成九十度,这就是当时新发明的、风行全国的、著名的"坐喷气式飞机"。你已经被斗过几次,所以对这种姿势也已经驾轻就熟。你侧眼一瞥,发现一个学生正往那个叠在一起的桌子上爬,待到站稳,便威风凛凛地宣布:"批斗现行反革命分子唐翼明大会现在开始!"接着拿出"红宝书",也就是《毛主席语录》,以一种特别庄重的语调说:"请大家翻到第八页。伟大领袖毛主席教导我们说:'阶级斗争,一些阶级胜利了,一些阶级消灭了,这就是历史,这就是几千年的文明史。'"台下立刻响起一片口号声:

"打倒现行反革命分子唐翼明!"

"唐翼明反党、反社会主义、反毛泽东思想必须彻底清算!"

"唐翼明妄图推翻社会主义制度,只有死路一条!"

"坦白从宽,抗拒从严!"

"唐翼明不投降,就叫他灭亡!"

这些口号其实你都已经很熟悉,两个月以来,你已经看过、听过千百遍了。你弯着腰低着头,感觉到脖子上那条绳子正在慢慢地增加重量,向你的肉里嵌进去。口号声终于喊完了,接下去便是批判会的正戏。也就是台下安排好的积极分子们,一个接一个拿着事先准备好的批判稿,义正词严地对你进行批判声讨。但是你突然发现今天也跟往常有点不一样,因为在正戏开场之时,突然有一只脚踩到了你的背上,你略微抬头一看,这脚正是那位站在你旁边的高台上宣布会议开始的学生的脚。因为他比你高出一个桌子,所以提起左脚踏在你的背上,正好是一个平衡而舒适的姿势。你突然想起伟大领袖在《湖南农民运动考察报告》中所说的"将地主打翻在地,再踏上一只脚",哈哈,我们可爱的革命小将不正是在遵循伟大领袖的教导,把伟大领袖的比喻性言辞复制为现实的动作吗?你心中不能不赞叹这些革命小将的聪明。你很欣赏这只脚,它是那样稳稳地踩在你的背上,绝不摇摇晃晃,只是在你偶尔忍不住欠一欠身的时候,会加重力度,很有弹性地连踩几下。这种对力度和节奏感的把握,使你想起弹钢琴,这学生如果学钢琴应该是一把好手,你想。美中不足的是时间略显长了一点。也许你的罪行真是太丰富精彩,底下一个接一个地发言,居然不能自已,开始还念稿,后来稿也不念了,谁想讲便讲,谁想骂便骂,只可惜内容似乎重复的居多,没有什么新意,所以到今天你几乎一句都记不得了。过了四五个钟头,你看到台下的人渐次离开,但留下的空位马上又被新来的人填满了。你开始不大明白,后来便猜到了,原来他们是轮班的,一部分人去吃饭、午睡了。新人上来又一个个说着差不多同样的话,你听起来觉得重复,但发言的人并不觉得,因为他们刚才并不在会场。这样又过了五六个钟头,你发现那些新来的人又陆续离开座位,他们留下的空位被一些更新的人补上。这一回你很快就明白了,刚才这些人是去吃晚饭了,所以台下的面孔与早上的面孔已经全然不同,几乎没有一个重复的了。

不过令你特别惊讶而且佩服的却是背上的那只脚,它从早上一直踩到下午,没有换过。你不禁替它的主人感到骄傲,因为这正是你平时最喜欢的一个学生,个子很高大,虽然眼神总是阴阴沉沉的,不过总体来说还算帅气。尤其是作文写得不错,你偏偏又教他语文,所以你有好几次把他的作文拿来夸奖表扬,念给全班听。你一向觉得这个青年颇有才华,长大后应该是一块不错的料子。你有点偏爱他。你就是此刻也仍然赞赏自己的眼力,你看他这一只脚,如此威风凛凛地踏在你的背上,八个小时而不动摇,真是不可多得。你没有看错人。不过略感遗憾的是,大约到了六点钟的时候,他也竟然把脚从你的背上提起来,走下台去,接着走出会场之外。你忍不住目送他,知道他是实在饿得受不了了,要去吃晚饭。这也难怪,年轻人饿得快,何况消耗了这么多的体力,坚持了八个小时,已经十分难能可贵了。作为一个老师,你不忍心对他要求太高。这个学生的名字很特别,所以你至今还记得,他姓颜,也就是孔子最爱的学生颜回的颜,名叫西安,你估计他是在西安出生的。你曾经有点为他遗憾,为什么没有生在延安呢,颜延安不是比颜西安更革命吗?

批斗会一直开到晚上,到底什么时候结束的现在已经记不清了。你的印象是十点以后。从早上九点开始,到这时至少已经过去了十二个钟头。你也很为你自己骄傲,你毕竟年轻,才二十四岁,体力很好,十二个钟头不吃饭,不喝水,竟然也没有要大便小便,最可骄傲的是你一直坚持着那个正确完美的"喷气式",而居然没有晕倒。你现在想,是不是背上的那只脚还有点按摩的作用呢?

那一夜你睡得很香,也很欣慰,你对伟大领袖的教导有了具体的、形象的、切身的,而且铭心刻骨的理解。你不仅理解了"打翻在地,踏上一只脚"这种比较粗浅的道理,也明白了"革命不是请客吃饭"、"造反有理"、"颠覆旧传统"、"人只有阶级性,没有人性"这些比较深奥的道理。

当学生的脚踏在老师的背上的时刻,你刹那间得到了顿悟。

一个耳光

算来又有十年了。那是一九九九年的暑假,你在台湾政治大学教书,你的母校武汉大学邀请你回来讲学。一群你在三阳路中学教过的学生听说你回来了,便举行了一个小Party来欢迎你,男男女女来了几十个。聊起往事,大家都很开心。你突然想起一个女生,便问他们:"戴玉霞呢?她怎么没来?"大家便七嘴八舌地说:

"谁知道她在哪里!"

"我们都不跟她来往。"

"她还有脸来?"

"哼,这种人……"

你问他们:"怎么了?"他们说:"她那时居然敢打你,我们都瞧不起她。她也没有脸再跟大家来往了。"你一时无话。

戴玉霞其实是一个不错的女孩,性格很开朗,长得比一般女孩子高大,虽然谈不上很漂亮,但也不丑,大大咧咧的,做起事情来很麻利,又是个干部子弟,一天到晚高高兴兴的、脸上总是带着笑，一副很自信的样子，正是今天人们常说的那种"阳光女孩"。老师们都很喜欢她。你也喜欢她。你之喜欢她，还有另外一层理由，因为她的语文成绩很好，而你是她的语文老师。她文笔不错，你评讲作文时会念些好的习作给同学们听，她的文章便常常在其中。

"文革"开始的时候，她正是应届毕业生。一九六六年六月十一日的中午，你被当成现行反革命揪出来的那一天，从教室里把你叫出来领到校长办公室的女孩正是她。她当时是学生团委书记，所以理所当然地成了最早的红卫兵头头。这个红卫兵就是被后来的造反派称为"三字兵"的保皇派。揪斗牛鬼蛇神、剃光头、游街、抄家、破四旧，这批人在当时可谓意气风发，不可一世。因为大多是干部子弟，他们身上都有着很强烈的以革命血统自居的骄傲，"老子打江山，儿子坐江山"是他们的中心理念。而曾经被他们的老子们革过命的对象及其后代，在他们看来，自然是应当继续加以专政的，因为"龙生龙，凤生凤，老鼠生儿打地洞"、"老子英雄儿好汉，老子反动儿浑蛋"，只有把牛鬼蛇神连同他们的子孙后代永远踩在脚下，这才能够"永保红色江山万年长"。他们认为只有自己才有资格被称为革命小将，也只有自己才可以为所欲为，所以后来有些非"红五类"出身的学生也起来组织"毛泽东思想红卫兵"的时候，他们是愤怒而且瞧不起的，他们喊出了口号："只许左派造反，不许右派翻天！"

一次批斗会上，戴玉霞伸手打了你一耳光。这一记来自自己最喜欢的学生的耳光，对当时的你来说，的确有不可承受之重，就像另一个名叫颜西安的学生，把脚踩在你的背上有同等的分量。你费了很大的劲去寻绎这一掌一脚背后的逻辑和合理性。你后来终于找到两条说服自己的理由：第一，你是在背负父辈的罪孽，他们对人民犯了罪，你是在替他们赎罪。第二，你是在间接为革命作牺牲。你向自己解释说，古今中外每当历史的车轮轰轰烈烈地向前运行的时候，总有些路边的小花小草被碾伤、碾死，你不幸就是那无辜的花草之一。你不应该怨恨历史的车轮，你应该高兴，你以自己的牺牲为革命作出了贡献。你虽然难免在深夜怀疑这只是自欺欺人，但那个年代不自欺欺人怎么活得下去呢？

那个时候北京"三字兵"出了两个著名的人物，一位是伟大领袖亲自接见过的宋彬彬，一位是高唱"血统论"的谭力夫，也是一女一男，你每次想到戴玉霞、颜西安，便想到宋彬彬、谭力夫。正是宋彬彬和谭立夫这些人后来组成了北京市红卫兵联合行动指挥部，简称"联动"。"联动"的勇士们常常深夜骑着摩托车从北京城里呼啸而过，挥舞着铜头皮带，打得牛鬼蛇神们头破血流。那么戴玉霞的这一巴掌和颜西安的那一只脚，又有什么奇怪呢？

"文革"后期你从牛鬼蛇神队伍里解放了出来，组织宣布，前一段的审查是必要的，所谓"事出有因，查无实据"（这八个字你记得如此之清晰，大概此生不会忘记，但脑子里总像有鬼似的，每每把这八个字同"莫须有"三个字搞在一起），但是现在姑且"保外就医"，暂不戴帽。不过他们警告你说："帽子拿在群众手里，如果不老实，就随时再戴上。"但实际上你是恢复自由了。有一天黄昏，你在粤汉码头附近散步，居然迎面撞上戴玉霞，你已经好几年没有看到她了。你没有料到她竟然叫了你一声："唐老师。"然后嗫嗫嚅嚅地说："老师，对不起你，那时候……"你赶忙截断她，说："没什么，革命嘛，我不会记恨你。"你的确没有记恨她。那年头发生的事情太多了，这一巴掌虽然沉重，毕竟并不要命，刘少奇不是也挨了刘涛一巴掌吗？刘涛还是他的亲生女儿呢，戴玉霞不过是你喜欢的学生而已，有何难以理解？有何不可原谅？

你不仅原谅了戴玉霞,也原谅了颜西安(虽然你后来再未见过这个学生,但你相信他如果碰到你,也会跟戴玉霞一样向你道歉的)。你连宋彬彬这样的人也都原谅了,二十年后你在纽约还戏剧性地遇到了宋彬彬,虽然她贵为宋任穷的女儿,那时也还得去餐馆打工,你还带着她一家一家地去问呢。谭力夫后来据说做了北京图书馆的副馆长兼党委书记(不知现在还是不是),跟你的一个好友金宏达(也是副馆长)成为同事,不也挺戏剧性的吗?这场史无前例的"文化大革命",集大剧、正剧、闹剧、悲剧于一身,实在是万载难逢。你、宋彬彬、谭力夫、戴玉霞、颜西安目睹而且亲历了这一场震古烁今的历史大戏,而没有像刘少奇、彭德怀、贺龙那样尸骨无存,不是已经很值得庆幸了吗?你和宋彬彬、谭力夫、戴玉霞、颜西安们,一样都是看客,顶多算是跑龙套的,有什么不可忘掉的过节和不可原谅的仇恨呢?你不仅愿意带宋彬彬去餐馆找工,也愿意跟谭力夫握手,更愿意原谅戴玉霞、颜西安。

你于是对学生们说:"你们下次一定要把戴玉霞带来。我都原谅她了,你们还不原谅吗?"

党司令

你必须首先声明，"党司令"并非共产党发号施令之意，所以跟大右派储安平所说的"党天下"毫无关联。这只是一个人名，而且是你的一个学生兼好友，称为"党司令"，绝对是美意，毫无皮里阳秋之嫌。这"党司令"姓党，不过他的名字倒并不是司令，司令乃是官号，就是军区司令之司令，不过他也不是上将、大将之类，他只是一个普通人。但他确实当过司令，那是在史无前例的时代，他当时还是初中三年级的学生，本来要毕业的，偏巧遇上无产阶级"文化大革命"，于是就成了革命小将。

小将不是大将，不过在那时却威风凛凛，小将打倒大将是屡见不鲜的。"文化大革命"开始不久，北京一群革命干部家庭出身的"红五类"中学生首先起来组成了"红卫兵"，即保卫红色政权之卫兵也。其中鼎鼎大名的就有一个女学生，叫宋彬彬，是中共元老宋任穷的女儿。伟大领袖在天安门接见她，说："你叫彬彬？文质彬彬的彬彬？不要文质彬彬，要武嘛！"于是宋彬彬便奉旨改名"宋要武"。一时全国红卫兵小将大为振奋，武风大盛，铜头皮带四处飞扬，"五类分子"头破血流，闻风丧胆。可是不久之后，伟大领袖忽然又带头"炮打司令部"，原先这些由革命干部子弟及"红五类"子弟组成的红卫兵，一时摸不着头脑，他们本来就是要保卫这个红色政权司令部的，现在又要"炮打"，如何是好？而且这炮打的不是别人，正是自己的老子，这就免不了有点下不了手了。而此前被这些老红卫兵瞧不起的非革命干部、非红五类出身的，或个人表现有些吊儿郎当的学生们，却逮到了一个好机会，说老红卫兵没有领会伟大领袖的意思，革命革到自己老子的头上就不革了，因此纷纷起来组成另类的红卫兵。为了有别于老红卫兵，乃称自己为"毛泽东思想红卫兵"，而将老红卫兵蔑称为"三字兵"、"保皇派"，自称"造反派"。你这里所说的党司令就是这种时势造英雄的时代造出来的一个司令，像当年陈胜、吴广一样，揭竿而起，纠集一批臭味相投的同学，组成了你当时任教的中学的第一个学生造反派组织，也名曰"毛泽东思想红卫兵"，自任司令。那年代本来就是烽火四起，英雄遍地，有枪便是草头王，你们的党司令雄据一片山头，自然也是威风凛凛。不过这位党司令顽皮归顽皮，本质上却是文质彬彬，从未听说他打过老师，或者干过什么出格的事。

你那时也从牛鬼蛇神的队伍里解放了出来，因为不是当权派，自然跟伟大领袖要炮打的司令部扯不上任何关系，顶多是个黑色的小虾米，于是就从网子里被放出来。你本来就不反党，对伟大领袖更是佩服得五体投地，一经放出，自然感激涕零，觉得皇恩浩荡，于是立刻参加了造反派，也自不量力地要去捍卫伟大的毛泽东思想。后来还竟然成了武汉市中学教师造反派组织当中一个核心成员，那是后话，留待以后兴起时再写。

却说这位党司令，并非你亲自教过的学生，但之所以后来成了好朋友，可说是拜"造反"之赐（"拜……之赐"，是台湾的流行语，已成陈词滥调，你一向讨厌，现在却想借来用一回）。记得刚出牛棚不久，一天，这位党司令拿了两本日记来找你，说："唐老师，这好像是你的东西，还给你吧。"你一看，简直如获至宝。因为这两本日记半年来一直是你的一块心病。自从八月你被游街的那天，家被抄了之后（"抄家"用在这里实在有点夸大其词，因为你那时根本无家可抄，住在学校的教师宿舍里，也是三个人同一间房，所以连"抄房"都算不上，准确地讲只是抄了你一个箱子而已），这两本日记就随着你的玉砚一起被抄走了。玉砚不打紧，两本日记可不得了。那年代，日记是最可怕的东西，凡有一点革命经验的人，绝不会写什么劳什子日记，除非你下决心自掘坟墓，一定要倒持泰阿，把刀柄交给别人，才会干这种愚蠢透顶的事（使人略感遗憾的是，你们因而少了许多革命领袖的日记，使今后研究党史的人增加不少困难。不过凡事也要乐观看，这也增加许多考证的必要性，因而可以多生产几本博士论文）。只有像你这种极为幼稚的书呆子才会写什么狗屁日记，到"文化大革命"一来才后悔不迭，但是已经来不及了。所以半年来你一直提心吊胆，生怕这两本日记被人从中挖出反革命的罪证来（而这是非常容易的），那可就死定了。现在这位仁慈的党司令因为同是造反派的缘故，居然把这种可以置你于死地的东西还到你的手上，你虽然表面上装着若无其事，其实真想给他作一个揖。

当天晚上，你就决心下手湮灭罪证，趁着夜深人静上厕所的时候，确定厕所里的确无人，便把从日记上撕下来的纸当草纸扔进茅坑，还不放心，又赶紧放水把它冲下去。当时一边扔，一边胆战心惊，双手发抖，生怕什么人进来看到，那可真是跳到黄河也洗不清了。但是一次只能丢几张，又不能老跑厕所，那时四面八方都是眼睛，人人处在监视之中，所谓"人民战争的汪洋大海"，每个人都谨小慎微，何况你一个刚从牛棚里放出来的牛鬼蛇神？后来终于让你想出一个一劳永逸的办法。一天，你假装过江去看住在武昌的表姐，确定无人跟踪之后才上了轮渡。等船开到江心，假装无事在甲板上散步，走到船舷边看风景，反复确定附近没有人注意，才赶紧从怀中口袋里掏出那两本日记，丢进波涛翻滚的江水中，这才大大地松了口气。呜呼，大江东去，浪淘尽千古风流日记。你的少年的悸动，甜蜜的初恋，伟大的抱负，都随着滚滚的江水，永远地彻底地消失了。

但是，你一点都不后悔，反而像割去一个恶性肿瘤一样大为庆幸。虽然你确定这两本日记中一个反动字眼也没有，但是要据此把你打成反革命却绰绰有余。你没有忘记你写的一首题名为《磨山落日》的诗，你明明在诗里说："啊，在我们伟大的社会主义祖国，生活是如此美好，落日和朝阳一般艳丽，黄昏和黎明一样通红……"你现在想起来都觉得脸红，但当时却是你的心里话。可是在批判斗争你的时候，你却遭到这样的质问："我们都说伟大领袖毛主席是我们各族人民心中永远不落的红太阳，社会主义是人类的黎明，是人类历史上最美好的制度，你却歌颂落日，歌颂黄昏，岂不是诅咒伟大领袖、恶毒攻击社会主义制度？"你虽然读过很多历史书，但这样的罗织法你还没见过先例，幼稚的你根本无力辩解，何况他们根本不允许你辩解。千万别把那时的批判想象成今天的博士论文答辩，那只是宣读判决书，而且是不准上诉的。所以你丢掉了日记本，怎么会有一丝一毫的遗憾呢？你对于把日记本还给你的党司令又如何能不感激涕零呢？

从此，党司令便成了你的学生而兼朋友，这关系一直维持了许多年，这中间可记的事还很多，但不是一篇文章写得完的。去年你从台湾退休回来，党司令来看你，依然跟从前一样毫无生疏之感。往事如昨，相视一笑，只是仔细看时，彼此头上都有了几缕白发。

宁作我

一一一

乌龟孙

乌龟孙，乌龟孙，这几个字像苍蝇一样在你脑子里盘来盘去，令你无法安宁。你很不愿意写，但你又非得写出来不可，不写出来，就像闷热的夏夜出的一身臭汗，不用肥皂彻底地洗一洗，看样子是没有办法睡觉的。

乌龟孙，听来像一句骂人的话，你也没有办法否认，它的确有骂人的意思。但是却不属于一般人所听到的四川人所说的"龟儿子"、"龟孙子"一类，它实际上是你在中学教书时一位同事的名字。此人姓"吴"，大名是"××"。这"××"二字念起来跟"龟孙"十分接近，于是得到了这个绰号。不过"文革"前倒也没人这样称呼他。乌龟孙的叫法是起源于"文革"之中，具体什么时候你也记不清楚了，大约是在"文革"开始半年之后，即全国各个单位（首先是学校）的群众分裂成为"保守派"与"造反派"两派之后。

你在运动初期被打成现行反革命，先是被关了二十几天的禁闭，接着被移出来住在门房隔壁一个堆破烂用品的小屋子里。门口虽然已经撤走了两个拿水火棒的红卫兵,但你却暴露在更多的水火棒和拳脚之下。住的地方又在人人必经的学校大门口,所以还远不及关在那个小屋子里安全。你常常被红卫兵们呼来喝去,不过一般说来,总是以调皮的学生居多。这些学生未见得是在斗反革命,他们不过是在发泄他们天性中的那个从原始时代残留下来的肉食动物的虐待狂本性。汪曾祺写过一篇小小说叫《虐猫》,你后来读到,每每令你想起当时的情景。一般老师是不会跟着这些学生们一起恶作剧的,哪怕最想整你的老师,也不会把"我要整你"四个字写在脸上。他们会在背地里策划,然后让学生出面,不会自己笨到跑到前台来指挥。只有乌龟孙是个例外。他的一些作为如此之天真,跟他那一米八的个头形成了一个强烈的对比,叫你至今忘记不得。比方说,那一天你们几个被拉去游街,他就高兴得像一个乱蹦的猴子,令你这个头上戴着痰盂、脖子上挂着牌子的犯人竟然忘记了自己的处境,居然忍不住要去欣赏他的那一脸滑稽的表情。他戴着一副厚厚的眼镜,嘴巴嘟哝着,老是像含着满嘴的东西,虽然并不肥硕,但跟愚笨两字总好像有千丝万缕的联系。现在居然也跳跳蹦蹦在那里指挥着恶作剧的学生们干这干那,就更令人觉得好玩了。

你那天手上系着绳子,和其他三个牛鬼蛇神绑在一起,在八月的毒太阳下,一边敲着手里拿着的脸盆,嘴巴里还要念着"我是反革命分子唐翼明",光着脚丫在烤得发软的柏油马路上游行了四个多小时,扎扎实实地尝到了"被打翻在地"的感觉。游行完毕,筋疲力尽,口干舌燥,回到寝室,正想一头倒在床上,你突然发现你对面的那张床已经变得奇形怪状,床上泼满了墨水和糨糊,帐子已经放了下来,上面挂满了乱七八糟的标语,标语上写满了你的名字,加了红圈,打了红叉。你立刻就知道这又是那些天真的孩子们干的好事,不过他们误把马老师的床当成了你的床。这马老师可真是遭殃的池鱼，又不能骂那些革命小将，正是有苦说不出。后来你听说，这件恶作剧也是在那位乌龟孙率领下完成的杰作。不过你的箱子他们并没有弄错，盖子掀开了，里面值钱的东西一扫而空，连几本俄文原版的小说也被拿走，最令你心疼的是一块远房亲戚送你的碧玉砚池——你一直喜欢砚池，至今陋习不改——已经不翼而飞。那块碧玉砚池会不会落到了乌龟孙的口袋？你虽然无法断定，但实在也没办法排除这种可能。

乌龟孙据说出身贫农，好像是武汉一师毕业的，"文革"前只是一个普通的老师，因为水平太差，无人重视。不料"文革"一到，却时来运转，居然成了"保皇派"的大将。有一次你们偶然在厕所里碰见，两个人同时抖尿的时候，你说了一句"有空时想找你谈谈"，他斜瞄了你一眼，搞不清是不屑一顾，还是受宠若惊，嘟哝了一句"谈什么"，便调头走了。你也终于没有去找他，其实你也不知道可以跟他谈什么。

对此君你印象最深的一次还是发生在一九六九年春天清队运动之中，你第二次关到牛棚里的时候。你们学校的牛鬼蛇神那时候总数已经达到了八九名。你们被关在一间大教室里，男女中间用木板隔开，长达一年之久。配合着阶级斗争形势的需要，时不时地被拉出去批斗一番，碰到没有批斗会的时候，就写检查、读毛选、洗厕所、扫操场、运煤灰。每天早晚有一件事是必做的，就是站在伟大领袖毛主席的宝像前，读语录，喊万岁，早上叫"请示"，晚上叫"汇报"。你们八九个牛鬼蛇神有一个临时的组长，是个党员，原先的教导主任，每次请示汇报总是由他率领你们这些牛鬼蛇神高呼："伟大的导师，伟大的领袖，伟大的统帅，伟大的舵手，我们心中永远不落的红太阳毛主席万岁！万岁！万万岁！"有一天早上，当组长正领着你们这些牛鬼蛇神高呼口号的时候，乌龟孙突然从外面冲了进来，大声呵斥道："你们这群牛鬼蛇神，我们的伟大领袖毛主席,怎么会是你们心中的红太阳？"你一听十分惊讶,这位乌龟孙先生竟能说出这么流畅的、逻辑清明的话语,真叫你不得不刮目相看。大家立时哑口无言。乌龟孙说得对呀,毛主席竟成了牛鬼蛇神心中的红太阳,那岂不是对伟大领袖的污蔑？但反过来也说不通,他如果不是你们心中的红太阳,难道还是你们心中的黑太阳？大家满脸狐疑地盯着组长,组长又满脸狐疑地盯着乌龟孙,你很想听听乌龟孙会有什么高论发出来,但他居然一句话也没有,而满脸的义愤却逐渐变为茫然。这样僵持了两分钟,乌龟孙居然再也不说下文,却转身跑出去了。你们的组长想了想,决心还是喊"我们心中的红太阳",草草地结束了这一天的早请示。

你于是对乌龟孙的聪明有了更深的了解,本来想找他谈谈,从此便作罢论。但你也因此忘不了乌龟孙,他像幽魂一样地在你脑子里转来转去,直到现在,你半夜做梦还常常会回到"文革",其中一幕就是跟乌龟孙讨教:不叫红太阳,到底叫什么好咧？可惜每每到此,梦也就醒了。

人生的滩头

我的祖籍衡阳在湘中偏南，是典型的丘陵地带，可以称得上"山清水秀"四个字。我的老家金溪庙，两边都是山，中间则是一条被叫做金溪的小河，据说那河里的细沙是可以淘出金子来的。我小时候就常常捧起溪沙在阳光下翻动，确有许多非常细小的金片闪烁着。这条小河大约也就几丈宽，曲折蜿蜒，走三十里到一个名叫渣江镇的地方，流入一条更大一点的小河，即渣江。然后这渣江又曲折蜿蜒，走八十里，到衡阳城，流入湘江。这湘江就颇有名气了，居湖南四水（湘、资、沅、澧）之首。再蜿蜒曲折数十里，在岳阳的地方流入洞庭湖，经洞庭湖再流入长江。你看过霍建起的电影《那人那山那狗》吗？如果你看过，那么我老家的青山绿水你也就可以想见个大概了。

湘中南的丘陵多产竹，我们家乡最常见最高大的竹子叫楠竹，可长到五六丈高，径可半尺，用七八根到十几根竹子就可以拼成一个竹排，在小河里划。我们家乡的小河窄而浅,不可行船,但划这种竹排则可以。于是乡里的农民便常常砍了竹子编成排,再用一根细竹当篙,撑着这竹排顺流而下,到渣江镇或衡阳城,然后把这竹排拆散,把竹子卖掉,换的钱买点油盐布匹杂货,再挑着回来。这撑竹排的大抵是年轻小伙子或身强力壮的中年汉子,因为这是一桩颇辛苦而惊险的活。小溪流过高低不平的丘陵地带,虽然也有"潮平两岸阔,风正一帆悬"的时候(这两句诗用在我家乡的小溪上是显得太夸张了一点,请读者不要以辞害意吧),这种时候当然也可以懒散地坐在竹排上,欣赏一下两岸的旖旎风光,但大多数时候是要作敬正经地撑着竹篙,平衡着竹筏,免得它冲到岸边上去了,尤其是遇到我们乡下称为"滩头"的地方。这"滩头"就是河床突然降低,水位也就突然降低,形成一道瀑布一样的地方(当然不是"疑是银河落九天"那样的山间瀑布,而是一道宽宽的、落差数尺到丈余的那种河面)。这样的瀑布远远望去或许并不怎么宏伟,但对驾排的人来说却十分凶险,因为瀑布的下边跟两边通常都布满大石头。所以驾排的人一旦看到前面有这样的滩头,则必须集中全部的注意力,紧紧抓住撑排的竹篙,身上每一块肌肉、每一根神经都要绷紧到十分,而且要反应灵活,随时准备应付突发的状况,一丁点儿松懈,一刹那打野,都会导致难以想象的后果。轻则一头栽下去,撞到巨石上,竹散财亡,前功尽弃,重则驾排人被抛到水里,头破血流,弄得不好连命都会丢掉。但倘若安全地过了这个滩头,则前面多半是一段平静宽阔的水面,这个时候又可以坐下来,甚至躺下来,放松放松,听听虫鸣鸟叫,欣赏欣赏两岸的青松翠柏,直到下一个滩头的来临。

一九五七年我十五岁,在衡阳县新民初中毕业。其时我的表姐于一年前全家迁居武汉,我那时在国内已经只剩下这位表姐是最亲近的,于是征得她的同意,把户籍迁到武汉,暂时寄居在她家里,一面准备功课报考高中。一个湖南乡下的小孩,要跟大武汉的城里伢们竞争,我倒并没有感到害怕,报考的是当时稳居湖北省第一的武昌实验中学,但心里的紧张是免不了的,我知道这会是一场苦斗,所以预备功课抓得很紧。一天清早,我站在表姐家的阳台上,凝望天边的朝霞,心里想着这场即将到来的考试。我的表姐夫,那时四十来岁吧,我叫他琪哥,正准备上班,也走到阳台上。我说:"琪哥,这武汉市的学生都很厉害吧?"不料他没有正面回答我,却说:"你在乡里看到过划竹排吗?"我说:"看过。"他说:"你知道划一趟竹排,总是要经过几个滩头的吗?"我说:"知道。"他说:"人生就像一条河,也会有几个滩头。划排过滩的时候必须全力以赴,冲过去了,你就会有一段平静的水程。你现在面临的就是一个滩头,尽你的力量去准备吧,其他的都不要想。"

一个月后,我以第二名的成绩考上了武昌实验中学,后来的事实证明,这的确是我生命历程中第一个最重要的滩头,如果是另外一种结果,我整个的人生大概都要改写。自然,在我后来的生命历程中,又有若干重要的滩头,考武大研究生是一个,进美国哥伦比亚大学是另外一个,写博士论文是第三个……每当面临这样的滩头,我就会想起我跟琪哥的这段对话,我就会排除所有的干扰,集中全部精力,驾着我的人生竹筏,奋力地冲过去。

琪哥已经过世几年了,他大概从来不知道,在一九五七年夏天的那个早上,在他家的阳台上,在灿烂缤纷的霞光中,他对我说的这几句并不长的话,对我的一生有如何重要的影响。

我永远感谢你,琪哥。

我的表姐夫琪哥,姓龙,名英琪。我最近常常想起他,好多往事都回到心中来。

我的表姐比我大二十岁,他又比表姐大四岁,这样推算起来,他应当和我父亲的年龄差不多,所以我们实际上是两代人。我的表姐是我母亲当小学校长时从乡下带出来念书的,所以跟我比较亲,何况我在大陆也没有更亲的亲戚。我那时在武昌实验中学念书,星期天、寒暑假便常常去他们家玩。琪哥是武昌铁四院桥梁处的总工程师,表姐是小学教师。我因为成绩好,又常常得到各种比赛的奖励,所以他们对我都青眼有加。但毕竟是两代人,所以从没有过深入的交谈。关于琪哥的历史,我也知道的很少,只知道他年轻时是一个很有热血的青年,在北洋工学院毕业以后曾经投奔延安,参加了薄一波领导的中华民族抗日救国先锋队(简称抗先队),而且在陕甘宁地区做过一任县长,但后来却因为要治鼻病从边区跑了出来,于是脱离了革命队伍。这件事后来让他在历次运动中都要受审查,但他离开边区以后埋首工程，不问政治，所以找不出什么劣迹，他的贫农出身也帮了他的忙，而他为人又极低调，从不高谈阔论，从不提意见，从不议论别人，所以每次都过了关，没有戴上什么帽子。也因此，我的表姐一家"文革"以前过的算是相当安稳的日子，他们俩人的薪水又高（我还记得琪哥每月的工资是一百八十八元，表姐是七十二元），所以连我这个表弟也多少沾一点光，去他们那里总可以混上一顿好饭吃，有时还带半块肥皂、半管牙膏之类的东西回来。但说实话，我那时对这位表姐夫却不怎么瞧得起，他的从不评论时事、从不臧否人物，对一切人都客客气气、不冷不热，在我看来是没有激情、胆小怕事。

他有些话说得很在理，让我毕生难忘。但有些话则简直不可理喻，那不可理喻的程度也让我毕生难忘。有一年除夕，我在他家过年，晚饭前大家坐在桌前喝茶、嗑瓜子，他忽然指着桌上的茶壶对三个儿子（他们那时的年龄应该是七岁到十二岁）说："你们看这壶是方的还是圆的？"三个儿子齐声回答："圆的。"他接着问："如果大家都说它是方的呢？"三个儿子七嘴八舌地说："还是圆的呀！它明明是圆的呀！"琪哥却说："你们错了，如果大家都说茶壶是方的，它就是方的，你们怎么可以这样自以为是呢？"我一时惊呆了，以为他在逗三个儿子玩，但仔细看看他的脸，却是一本正经，丝毫没有开玩笑的样子，而且此后便不再说话，一直到吃年饭的时候，也没有再说什么。

我从前对他只是不太欣赏，从此以后就有点瞧不起，我不敢相信，一个人竟可以这样地教儿子，这简直比我在任何小说里看到的都荒唐。我此后再也忘不掉这件事，他那句话困扰了我好久。有一次不知道因为什么事，我居然不顾礼貌冲着他说了一句，琪哥，你也未免太胆小了。他居然不以为忤，对我笑了一下，说，我这叫做"全躯以保妻子之徒"（汉·司马迁《报任少卿书》），你以后会明白的。他这句话因为夹

琪哥全家和你。（一九九九年摄于武汉）

着一句古文，让我琢磨了很久，也从此忘不掉。一直到"文化大革命"，我自己两为反革命，三进牛棚，看到举国疯狂，一人被斗，全家株连，许多家庭妻离子散，才慢慢明白他这句话的意思。

以后在纽约读书，到台北教书，看到许多的事，也读了一些书，便常常会想到琪哥，想到他从一个热血"左倾"的青年，变成一个完全不问政治的人，丢下陕甘宁的县长不做，却借故跑了出来，一定是看到什么特别的事情，终于吓破了胆，于是急流勇退。我有时候为他不值，想，他当年如果坚持下去，后来好歹也会捞个部长当当。不过有时候也替他庆幸，以他的性格恐怕很难经受以后一连串残酷的阶级斗争和良心折磨，就算当了部长，也说不定会关到秦城监狱中去。人生祸福无常，谁能说得准呢？

他虽然不是一个勇敢的人，但绝对是一个聪明的人。当赵高指着台阶下的驴子说是"马"的时候，你是跟着说"马"以保全自己，从而保全你那无辜的妻子和儿女呢？还是宁可杀头、破家也要坚持说是"驴"呢？这的确是千古无解的难题。每读《方孝孺传》，也为同样的难题所困扰。一方面敬佩方孝孺的硬骨头，觉得这么大的一个民族，总得有几个像方孝孺这样的人，但另一方面也觉得方孝孺呆得不值，都是朱家的人，侄儿做皇帝还是叔叔做皇帝，干你什么事呢？值得赔上十族三百多人的性命吗？你被杀还可以说是求仁得仁，那三百多个人为什么要跟着你一起丢脑袋呢？

我跟琪哥的接触并不算太多，但是他说的话居然有好几句让我一辈子想忘都忘不掉。我实在没有理由瞧不起他，我应当向他好好地请教才是，至少应该好好问问他青年时代的经历，他究竟看到了什么？又遇到了什么？想到了什么？可惜已经无法起他于地下，做一次长夜之谈了。

全力以赴过滩头

　　如果你上了一点年纪,你试着回顾一下这几十年来你的生命历程,无论是成功或者失败,你总会找到几个关键时刻。你的生涯如果是成功的,往往就是这几个关键时刻你顺利地度过了;反之,如果这几个关键时刻没有度好,你的生涯就可能失败或部分失败。人生就像一条流经丘陵地带的小河,总会碰到几个滩头,你像一个划竹排的人,当你遇到滩头的时候,必须全力以赴,安全地冲过去了,你就会有一段比较平静的水程,甚至往后的人生都会相对平顺;而如果没有冲过去,轻则排毁,重则人亡,你的人生或许就因此而失败了。

　　一九七六年"文革"结束,次年邓小平上台,新政开始。邓小平所做的第一件了不起的大事,就是在全国范围内重开高考,一九七七年招收了"文革"之后的第一批大学生,年底宣布第二年将要招收第一批研究生,但只限于理工科。我当时立刻就意识到这将是一场大改革的开始,也是天下读书人一个极其难得的转机。中国的大学教育已经基本停顿了十年，教育出现了严重的断层，一方面是市面上人才稀缺，无才可用；一方面是仓库里人才堆积，近于霉烂。这第一次的高考和研究生的考试，将从大量堆积的人才当中选拔出佼佼者以应国家急需。这些被选拔出来的佼佼者也就必将成为未来中国各阶层的骨干。我必须抓住这个千载难逢的机会。

但当时令我非常遗憾的是，我只有一个高中文凭，离开学校之后又没有再搞过数理化，在中学教的是语文，要在短短几个月内把数理化进修到能够报考研究生的水平，根本是不可能的。所以我就力劝我学水利的弟弟去报考。但是我弟弟说他一九六五年考进大学，才上了一年课就搞"文化大革命"，所以没有学到什么，现在要考很困难，何况他并不怎么喜欢理科。不久之后，教育部又加发一个通知，说第二年的研究生招考也将包括文科。我喜出望外，立刻决定报名。那一年我三十六岁，正是报考研究生的最高年限，我庆幸自己至少还具备报考的资格。同时邓小平还作了两项极为重要而英明的指示：第一，不计较学历，报考研究生并不要求有大学学历，而只要有同等学力即可。第二，不要纠缠考生的家庭出身之类的所谓政治问题，只要本人没有犯过大错误即可。这两条指示也等于为我开了特赦之门，否则以我高中毕业的学历和"外逃反革命分子"家庭背景以及在"文革"中两次被打成"反革命"的经历，要想报考是没有希望的。即使这样，当我决定报考时，我周围的亲戚朋友除了我妻子以外，没有一个人表示支持。他们说："你考了两次大学，考了全省第二名，人家都不要你，你还做什么梦啊？"但是我决心已定，我知道这是我一生中最重要的机会，无论如何我要抓住一试。如果实在考不上，此乃命也，但是如果我连试都不试，我绝对会后悔一辈子。

一九七八年二月报名，当时我可以报考的只有武汉大学中文系的

真的曾经这么帅过吗?

(一九六一年摄于武汉)

古代汉语跟古代文学（后来叫"魏晋南北朝隋唐文学"）两个专业，一直到报名之前我都拿不定主意报哪个比较好。一位跟我同时准备报考的同事（他报考数理）对我说："你到现在连哪个专业都没有考虑好，我看你是没有希望了。"非常遗憾的是，后来他自己却没有考上。我最后选定了古代文学。我记得当时要考的是五门功课：中国文学史，古代汉语，唐代文学，外语，政治。二月报名，五月考试，我只有大概一百天的时间可以准备，而当时我在三阳路中学教书，每周要上十二节课，同时我又是江岸区语文教师培训班的老师，每个星期要给中学教师们上一次文学史课程，这两件事情是无法暂停的。所以我白天几乎没有时间来做考试的准备，只有晚上跟周末可以利用。我告诉自己，这个时候如何调动自己所有可以利用的时间，排除一切跟考试无关的干扰，并且抓住重点，不浪费任何精力，对于我是极其重要的。首先我决定把大部分精力和时间放在古代汉语、中国文学史和唐代文学这三门上，而外语和政治只耗费最少的时间跟精力。因为很明显，外语不可能在三个月之内有特别的提高，我那时选的是英文，我决定只花很少的力气把一本薄薄的英语语法手册再认真地读一两遍，英文单词则完全不去管它，记得多少就算多少，不再学新单词，因为那次的英文考试是允许带字典进考场的，所以把精力耗费在词汇的记忆上，既无必要又无效果。其次是政治，当时的政治考试我断定只会考一点基本的马克思主义理论和时事，这都用不着做什么准备，只要在临考前找到一本合适的资料拼命背熟就行了。剩下的三科是专业课程，我决心把百分之八十的时间放在这三科上面。这三科内容宽广，当时高等教育停办了十年，所以也没有什么现行教材可循，以什么作为复习的根据就成了非常棘手的问题。我凭自己的读书经验认为古代汉语所有的教材中以王力的《古代汉语》（四册）为最好，这也是"文革"前大学通用教材，这本书我已经读过两遍,我就靠它学通了古文,现在我决心在三个月内把这本书从头至尾再细读一遍(一共两千页)。至于古代文学我觉得当时中国科学院文学研究所主编的《中国文学史》(三册)是最好的、也最权威的书,这本书我从前也读过,我决心把这本书从头至尾再详读一遍。至于唐代文学,我决定以《中国文学史》中论述唐代文学的部分为重点,再旁及其中提到的重要作家跟作品。

剩下的问题就是集中时间跟精力。我的办法是上课以外的其他事情,一概停下来不做,例如,不拜访任何亲友,不跟任何亲友会面、吃饭、聊天;不给任何人写信,包括母亲(我平时每月必写一至两封信);不看电影,也不参加任何娱乐活动,连每天早上必打的太极拳也停下来。总之,一切可以节省下来的时间和精力都节省下来,全部花在准备考试上。那时我一家三代六口人住在一间只有十八个平方米的房子里,而且三个孩子又小,所以我每天下班回家吃完晚饭就骑自行车到学校,在空无一人的教研室里读书,每天深夜十二点才回家。这样,我每天至少可以保证六个小时能够不受任何干扰,专心致志地准备考试。如此一直坚持到五月份笔试。记得中间还有一阵碰到停电,我只好买了几十根蜡烛,一次点十根,环立桌上,烛光摇摇,蜡油四溢,埋首书中,不亦乐乎。此情此景,恍然如昨。

笔试之后过两个月举行口试,口试的重点是古代文学。那时候完全不知道口试中老师会问些什么问题,而中国古代文学浩如烟海,这一次要复习的范围就比准备笔试的时候更不知道从何下手,我只有更抓紧时间。幸好六月份放假,全天都可以用来读书。每天清早吃完早餐,就抱着一堆我想得到的书坐在门前的树阴下,脱掉上衣,打着赤膊,穿条短裤,泡一壶浓茶,不断地翻看、做笔记,每天读书的时间至少在十四个钟头以上。从二月至七月大约五个月的时间,这一辈子读书从来没有这么努力过。幸好这中间基本上没有生病,直到七月份口试前才害了一场病,是左腿的脉管炎,我一边吃药打针,一边仍然不放松,幸而老天保佑,十天之后也就痊愈了,并没有浪费我什么时间。

九月份放榜,我终于以第一名的成绩考上了武大中文系研究生。如果我一生中也有所谓时来运转的时候,那么转就转在这一刻上。如果我那次没有考上研究生,此后下半辈子的命运就完完全全不一样了。

这一段经历让我明白,在人生的关键时刻,或曰人生滩头,如何排除干扰,集中精力,并且抓住重点,毫不松懈,实在是决定人生成败的关键,而能不能做到这一点,第一需要意志,第二需要智慧。

走进武大

一九六〇年高考填志愿的时候，武大根本没有进入你的视野。落榜之后，武大居然成了高不可攀的学府。有一次，你与一位同龄的青年教师穿过武大校园去东湖游泳，他忽然指着远处绿阴丛中的一幢小洋房对你说："那是胡承晖爸爸的家。"胡承晖是你们的同事，他父亲是武大的教授。你哦了一声，没有说什么。以你年少轻狂的个性，坦白地说，你从前并没有把当大学教授当做自己的奋斗目标。但现实却是，你连大学的门槛都进不了，武汉大学的教授在此刻对你已经是一个缥缈的梦境，你说什么好呢？去东湖游泳吧，这个跟你不相干。

你当时不可能，也绝对没有料想到，漫长的十几年以后，经历了"文化大革命"的狂风暴雨之后，在你被打到地狱边缘的时候，你居然会时来运转，你居然会踏进武汉大学的校门，你居然成了那位住在绿阴丛中的胡教授的学生。真所谓"山重水复疑无路，柳暗花明又一村"。

还有更巧的。当你坐公车去武大，在武大校门口下车的时候，突然看到当年指着胡承晖爸爸的洋房给你看的那位青年教师，他叫高宏，居然也从公车的另外一个门里走下来，身上跟你一样背着一个背包。你们两个几乎同时惊讶地问对方："你到哪里去？"然后你俩也几乎同时回答："武大。"于是你明白，高宏跟你一样，也是刚刚考中武大的"进士"——一九七八年"文革"后首批研究生，社会给了他们这样一个雅号。他跟你一样，也没念过大学——因为肺病，跟你同一年留在实验中学——你们的母校当老师，他教数学，你教俄语。他也跟你一样，在"文革"中被打成"反革命"，因为你们一起组织了一个"反动诗社"。不过最近这两年，大家都在埋头读书，见面很少，居然互相都不知道对方正在报考武汉大学的研究生，当然也更不知道对方已名登金榜。"无巧不成书"，指的是小说，其实小说哪有现实精彩？

开学典礼上童懋玲副校长致辞，其中提到，今年招到的研究生都很优秀，她举了个例子，说一位老教授，逢人便讲："这回总算招到了一个好学生，古代汉语居然考了九十多分。"这是"文革"十年以来，其实也是开国二十九年来第一次招考研究生，第一次真正按成绩，而不是按家庭出身、政治条件录取学生。这位老教授的话其实别有深意，不知道童校长听出来没有？后来听说童校长口中的老教授就是胡承晖的父亲，不久之后成为你的导师的胡国瑞先生。

入学之后有一天，同寝室的李中华，他原是武大毕业的，领着你去拜见系里的蔡守湘老师。蔡老师是性情中人，全不像一个文质彬彬的大学教授，他第一次跟你见面，就大声说："你就是唐翼明？你的记性怎么这么好！你的古代汉语试卷是我改的，我给了你九十八分，有老师说，不行，这太高，哪有古代汉语拿九十八分的？我只好把其他老师都叫过来，给你挑错，挑来挑去，最后还是给了你九十四分。"蔡老师没有

像一个人文学者吗？

（摄于一九九〇年）

给你们开过课，但是你因此深深地记住了这位直爽的长辈。后来你在台湾看到他出版的《唐人小说选注》，特地买了一套。可惜你这次退休回来，蔡先生已经去世了，你只见到他的儿子。

　　进了武大校门的你，一头扎进书海。这一年你三十六岁，本命年，相书上说，男人的事业三十六岁才定根，看来还有点像。在这个连名字都很优雅的珞珈山上，面对着山脚下浩渺美丽的东湖（它有六个西湖大），在三春樱花、六月荷色、九秋桂子、腊冬梅香之中，在满校园高大的法国梧桐树下，你的生命开始了一个新的里程。你终于放弃了幼稚的皇帝梦、诺贝尔梦，你也逃离了监狱和劳改的阴影，踏上了一个人文学者的平实而宽广的路——其实也是你最应当走和最合适走的路。"神自有美意的安排"，如你母亲常常所说的。

关于外语

　　你平生最引以为傲的是外语，但是最遗憾的也是外语。你先后学过俄文、英文和日文，如果在一种正常的情况下，你这三种外语即使不说精通，至少应该相当熟练。挟这三门外语而游世界，简直可以东西逢源，畅行无阻。家居则悠游于这三门外语的典籍中，人类文化的精华几乎可以遍览无余，岂不快哉！是的，你本来可以做到，可惜却没有。上帝给了你天赋，却没有给你充分的机会。

　　你念高中时学过三年俄语，那时的中国是向苏联一边倒的，所以你也没有别的选择。俄文号称难学，发音难，语法也难，一个名词居然可以变出十二种形式，这在中国人看来是非常稀奇古怪的。可是你学得挺轻松、挺愉快。一堂课教七八个、十来个新单词，你不到下课就背熟了，你成了班上的俄语课代表。高三那一年全武汉市俄文演讲比赛，你居然拿到第一名。所以当你没有考上大学而留校任教时，你理所当然地成了俄语老师，教了三年俄语，直到离开你的母校为止。后来你在美国留学,因为博士学位规定要除英语之外再通一门欧洲语,于是你在哥伦比亚大学又进修了一年俄语,居然通过了硕士级的考试。可是之后二十多年,你完全没有机会用到俄语,连讲几句完整的俄语句子的机会都没有,于是俄语对你来讲,也就只剩下一段美好的记忆了。

哥伦比亚大学东亚语言文化系要求博士生,除了他所研究的那个国家的语言之外,还要懂另外一门东亚语(所以东亚系的博士至少要通四门语言:本国语、研究国的语言、另一门欧洲语、另一门东亚语,本国语和研究国的语言都要达到博士水准,另外一门欧洲语和东亚语则要达到硕士标准,考试不过关的,就不能取得博士候选人资格,也就不能开始写博士论文),你挑选的是日文。一九八四年夏天,你已经四十二岁了,你开始学一门崭新的语言。虽然这门语言中夹杂了不少中国的字汇,可是这些中国字无论是意义和读音,都跟原来不一样,所以它一点都没有降低学习的难度,而语法之复杂,则较俄文尤有过之。你开始有点低估它,后来才知道它实在不好惹,你花了整整两年去对付它,结果还只拿到B+的成绩,这是你在哥伦比亚大学所修的一百二十八个学分中,唯一没有拿到A的一门功课。虽然你顺利地通过了资格考试(笔试),此后二十多年,除了三次到日本游览跟讲学以外,你也几乎没有什么机会用到日文,于是这一门外语也只留下了辛苦的回忆。

三门外语中,只有英文一门你现在还可用,虽然也谈不上多么好。你年轻时学的是俄文,开始接触英文已经是而立以后。那是“文革”后期,中国跟苏联闹翻,反过头来跟原来不共戴天的美帝国主义搞起了乒乓外交,中央电视台也就出现了一个钟头左右的英文讲座,你就跟着学。从二十六个字母开始,逐渐背熟了若干单词,把一本讲英文语法的小册子 (记得那作者的名字似乎是薄冰) 反反复复地读了几遍。一九七八年报考研究生时,外语科目中你居然挑了英文,而没有挑俄文,而且你的英文居然考得还不错,中文系录取的几个学生(一共八名)中,只有两个及格,你是其中的一个(另一个是何念龙)。而且令你开心的是,在考场上,你居然向监考老师指出了一个试卷中的语法错误。那的确是一个错误,出题的老师疏忽了,你是对的。这事后来成了一桩美谈,说今年武大招考的研究生中,考取中文系第一名的学生英文很好,居然指出了我们试卷中的一个错误,云云。所以后来放榜的时候,开始传出的消息中说你是第一名,马上就有你的同学跟朋友否认:那不可能,唐翼明是学俄文的。你进了研究所以后,又修了一年英文,这就是你到美国留学前全部的英文基础。你到了美国以后,才知道这点基础是多么可怜,在美国人面前,你连一句完整的英文句子都说不出,老美讲的英文,你也一句都听不懂。你于是在洛杉矶进了一所专为外国学生办的英文学校,整整念了四个月的英文,然后到纽约进了哥伦比亚大学一个美语 (即美国式英语) 预修班,叫做American Language Program,简称ALP,你居然只考到第四级(整个是十级)。你同时申请了东亚系的研究所。你那时已经在武大研究所毕业,拿到了硕士,成绩优秀,而且已经在《文学遗产》、《文学理论研究》、《学术月刊》三个全国性学术刊物(当时这类刊物极少,《文学遗产》是全国公认的研究中国古典文学的最高刊物)上发表了三篇文章。所以哥大东亚系研究所很高兴地录取了你,但是在通知书后面附了一条 “但书”,说,你的学术表现很优异,但我们担心你的英语水准跟不上,所以希望你在入学前读到ALP第十级(最高一级)。没有办法,你只好拼命地读英文。那时你几乎从早到晚手不释卷,即使在等车的时候,你也在背英文单词。寒暑假也不休息,别人一个学期读一级,你一个学期读两级,居然在一年之中从第四级升到第十级。一九八二年九月你顺利地进了东亚系研究所。

其实你的英文并没有真正过关。你已经过了不惑之年，你痛切地感觉到你学起英文来已经远没有十五六岁时学俄文那样的轻松愉快，何况你的听力又不太好，你的右耳从小失聪（被伯父打聋的），所以你在研究所的第一年几乎还是在腾云驾雾，一年以后你才慢慢自如。你在东亚所研究的重点仍然是中国文学，当时根据哥大东亚系的要求跟课程设置，你必须同时研究中国历史、中国思想、日本历史、日本文学。你的中文根底扎实，这帮了你很大的忙，但即使这样，你上研究所时一半以上的精力其实还是花在学习英文上面。你的英文之所以今天还能用，就是因为在哥大的九年，你下工夫最多的其实是英文。

你的记性不能说有多好，比钱钟书是远远赶不上的。但是你的记性也不能说不好，至少在你的同学跟朋友中，你还没有看到记性比你更强的人。年轻的时候背唐诗，一首七律通常只要认真地看过两三遍，是没有背不下来的；俄文单词默念个两三遍，再写个一两遍，也没有记不住的。你到三十六岁考研究生的时候，考完了，你的朋友要你把题目默下来供他们来年参考，你居然把所有题目连同你的答案几乎一字不漏地全部背写出来。你进武大以后，因为读书太猛，加上报考过程当中那种争分夺秒的准备，使你的大脑过分疲劳，结果害了一场大病。你发觉从那以后，你的记忆有明显的衰退。你于是很感叹，如果从十八岁到三十六岁之间，这十八年你能够继续求学，而不是过早地当了六年老师，又被"文革"抢去了几乎十年的光阴，那你治学的生涯应当大不一样。如果你的运气更好一点，这十八年你能够像陈寅恪那样，遨游在东洋西洋之间，沉浸在学术研究之中，应该也不比陈寅恪差太远。

曹丕说："少壮真当努力，年一过往，何可攀援？"但是他没说，你很想努力，可上帝不给你努力的机会怎么办？一棵竹子，从笋尖冒土而出，到抽条发枝，笋壳落尽，变为成竹，这一段时间是决定它能长多高、多壮的关键,如果这一段不缺营养,不遭砍斫,它就可以长到它应该长到的高度(这种生命的潜力在它成笋的时候就已经决定了)。但是如果在此期间没有长到应有的高度,成竹之后遇到再好的条件,也已经无济于事了。因此你平生最心痛的一件事就是十八岁(一九六〇年高中毕业)到三十六岁(一九七八年考上研究所),这一段生命力最旺、学习能力最强、记性最好、创造力最富的时光,遭到了人为的剥夺与抢劫。

一九六三年在你第一次高考名落孙山之后,你不甘心,想再考一次,写了一个报告给武汉市教育局(那时你在省实验中学当老师),你在报告中写了一句话,说:"请诸公为国家惜人才。"你的确自视甚高,但是你实在说得很诚恳啊。可是没人理睬你,大概也没人理解你。你喜欢陶渊明的诗,你当然跟大家一样,喜欢"采菊东篱下,悠然见南山"的境界,但你更喜欢:"日月掷人去,有志不获骋。念此怀悲凄,终宵不能静。"你每每击节吟诵,至于泪下。

但是,你还是庆幸,你还是感谢上帝,他对你还算是温情的,他让你赶上了末班车。你毕竟到了美国,你毕竟进了哥大,你毕竟拿到了博士学位,你也毕竟学了外语,而且学了这世界上最重要的几种外语,虽然没有学得怎么好(你对于"精通几门外语"之类的介绍词,心里常常是存疑的),但至少不是文盲。你已经比这个世界上百分之九十九点九九的人都幸运,还抱怨什么呢?还感叹什么呢?

买衣启示录

关于衣服你可以写的东西很多，也可以说你能写的东西最少。因为你从小尝过很多缺衣少穿的苦头。你在《鞋子与潜意识》那篇文章中讲过的心情，也同样发生在衣服上，你也常常为旧衣服大伤脑筋。你现在的衣服对于一个男人来讲，恐怕也是太多，十来套西装，哪里用得上？又不上《百家讲坛》，又不出席什么剪彩仪式，这些正儿八经的东西实在派不上用场。不仅派不上用场，事实上有一大半不能再穿了。因为你当年也曾苗条的身材已经日渐"中广"（这是台湾流行语，因为台湾在国民党威权时代，唯一的电台是"中央广播电台"，简称"中广"，男女老少无人不晓，所以人们就用"中广"来幽默那些中年发福、腰围越来越粗的男人或女人），十条裤子已经有八条无法穿了，又舍不得丢，因为套套都是好料子，有的总共也没穿过几回。特别是领带，你大概有四五十条吧，真可谓多姿多彩。可是丢哪一条好呢？送人吧，又不礼貌，毕竟是用过的。你到高中还常常穿打补丁的衣服

全家福。（一九七八年摄于武汉）

和裤子,所以潜意识里你也很难对旧衣服进行精兵简政,正如对旧鞋子一样。

然而对衣服,其实你真能说的又很少,因为你不懂得流行,从无追时髦穿名牌的雅癖。对衣服的布料、式样、剪裁,也从不肯下工夫研究,又生性讨厌逛街shopping,几乎从来没有逛百货商店的习惯。除偶尔被一两个漂亮的女士绑架之外,你是"百过百货公司之门而不入"的那种人。

但是你独独记得一件上衣的事情。虽然这件衣服已经早就不在了,你却常常会想起,因为它让你懂得花钱的道理和做人的道理。

这件事发生在一九七九年年初,大概是在阴历除夕之前,那时你住在汉口华清街。有一天你出门散步走过一元路和中山大道的转角处,那里有一个服装店。鬼使神差,你居然往橱窗里看了一眼,有一件深蓝色的毛式男上装挂在那儿,似乎是毛料的,剪裁得很好,精神抖擞地接受往来行人的检阅。你那时正缺一件像样的外衣,突然心中一动,便进去试穿了一下,居然神气得很。从小到大,你还没穿过一件这么体面的衣服,你第一次有了强烈的不愿脱下的感觉。问问价格,大约六十元人民币,你吓了一大跳,太可怕了,怎么会这么贵! 你那时每月的薪水是四十元五角,所以你得辛辛苦苦工作一个半月,不吃不喝才买得起这件衣服。你只好叹一口气,脱下衣服,快快出了门。可是走了没多远,你又忍不住折回来,站在橱窗外仔细打量那件雄赳赳气昂昂的衣服。其实当时你并非拿不出这六十元钱,因为那是"文革"后,你已经恢复了同住在台湾的母亲的联系。在你没有跟母亲恢复联系之前,你们的生活确实穷得可以,那时你们一家六口人,你,你的妻子,你的岳母,一个女儿两个儿子都已出生,三代六口,塞在一间只有十八平方米的名副其实的"蜗居"里。每个月的最后几天总是穷得连买菜的钱都没有，只好到床底下、灶角里努力搜出一些空瓶子、烂鞋子去卖，换回几个钱，买半斤一斤辣萝卜臭腌菜，把这几天混过去。不过到"文革"末期，你在一个很偶然的机会下跟母亲恢复了联系，从此母亲便常常寄点钱来接济你们。所以你这个时候其实已经属于当时的富裕阶层了，这六十元的衣服你是可以买得起的。可是穷日子过怕了的你，如何忍心掏得出六十元钱来买一件衣服，这岂不是太奢侈了吗？你摇摇头，还是离开了橱窗。

但你心里老是忘不了那件衣服。你第一次荒唐到在晚上睡觉时，还会去想一件衣服的事情，并且把这件事情告诉了你的妻子，她居然同意明天跟你一起去看看。于是第二天你们又跑去，又来来回回地折腾了好多次，最后下了一个狠心，把那件衣服给买了回来。次日是星期一，你穿着这件衣服去学校，那时你刚考上武汉大学中文系的研究生不久，走在寒风飕飕的珞珈山上，居然精神抖擞，步履快捷，似乎又重新回到了少年时代过年的那种感觉。最令你得意的是，走进教室那一刻，居然让同学们一个个刮目相看，大家都说这衣服神气。陈书良说："唐翼明穿上这件衣服简直像个大干部。"一直好多天，大家还拿这件衣服做开玩笑的文章。毛庆说："老唐到底是大师兄，我们这里面还只有你一个人穿着像。"总而言之，这件衣服的确让你风光了一阵子。重要的是自己觉得很开心。"人要衣妆，佛要金妆"，"人是衣裳马是鞍"，看样子还真有道理。你记得这件衣服并非西装，也不是中山装，而是后来被称为毛装的一种介于西装和中山装之间的"有中国特色"的式样。现在如果你穿着它走在街上，肯定免不了被人看做老土。

你一九八一年去美国留学，这件衣服自然就留在了中国，至于后来到了哪里，做了什么，早就不是你所关心的。但是这件衣服，以及买这件衣服前前后后的心理挣扎，却是你永远忘不了的。买不买这件衣服,在当时竟然困扰了你那么久,事后回想起来,只能说是一种可笑的愚蠢。如果你当时确实拿不出六十元钱,那么这件事便没有讨论的余地。但是你拿得出钱,却因为舍不得而没有买,那只会是一个永远无法弥补的遗憾。买不买这件衣服,对于你后来的生活几乎不会发生丝毫的影响,你买了不会因此而使你后来的生活变得拮据,哪怕一丝一毫。你咬紧牙没有买,也不会因此而使你后来的生活变得宽裕,哪怕一丝一毫。但是买不买那件衣服,对于当时的你却影响颇大,买了,你风光了好些时,愉快了好些时;不买,你会遗憾好一阵子,窝囊好一阵子。

以精确的数学脑袋来想这件事情,那答案当然是毫无疑问的,你多用了六十元钱,你户头上当然要少六十元钱,你以后当然就少六十元钱可花,你就应当会拮据一点(哪怕一点点);你少花了六十元钱,你户头自然就不会减少六十元钱,你以后当然就多六十元钱可花,你以后的生活自然就会宽裕一点(哪怕一点点)。可是我的生命经验却告诉你,世界上的事情,尤其是有关人生的道理,精确的数学脑袋往往显得无能为力,甚至荒谬可笑。你绝对相信,你买不买那件衣服,对你后来的生活没有一丝一毫的影响,你庆幸你当时买了,因为它给你带来愉快的心情。

从此你在相当程度上改变了你用钱的态度,尤其是当有朋友与学生需要你帮助的时候。

钱者,泉也。它从我们的生命中流过,它不会留下来等你,花了不会少,不花不会多,该花钱又有钱可花时就花吧,一味的省俭并非总是美德。

到美国去

你从小就有一个很奇怪的梦想，要受到这个世界上最高的教育。这个梦是什么时候钻进你的脑袋里的，你已经记不确切了，但你肯定那是在七岁回到老家以前。因为回到老家后你就变成了一个放牛娃，大概不会做这么奇怪的梦。但是这个梦既然已经钻到你的脑袋里，就没办法把它忘掉，虽然放牛砍柴插秧种田，你总还时时记得这个梦。这个梦的内容对于你其实是很模糊的，到底什么是世界上最高的教育？到哪里才能受到这样最高的教育？念书念到什么程度才可以算是最高的教育？你都并不清楚。你只记得你很小就听到过"留洋"这两个字，但"留洋"是什么意思，你似懂非懂。你从没想到过去美国，因为从你懂事之后起，美帝国主义就是全世界人民的头号敌人，你痛恨美帝国主义。即使要留洋，也顶多是"留苏"，就是到那个列宁、斯大林的伟大国家去读书。到了高考名落孙山以后，你在床上躺了三天三夜，这个留苏的梦也跟你曾经做过的皇帝梦、诺贝尔梦一样，彻底地醒了。你终于从做梦的时代迈进了现实的时代。到了"文化大革命"，你成了反革命，进了牛棚，被打翻在地，再踏上一只脚，"黑牌高帽、口号间，美梦灰飞湮灭"，此身已成阶下囚，成了被革命之浪淘尽的悲剧人物。活下来已值得庆幸，受最高等教育就等下辈子吧。

　　但是令人做梦都想不到的是，世事真的会白云苍狗，风云突变，昨日不可能的事，今日都有可能了。中国跟苏联闹翻了，却跟美国开始修好了；"文革"结束了，而邓小平上台了；狗崽子考上研究生了，受最高教育的梦居然可以实现了。最有意思的是，你考上研究生的第二年，中美竟然建交了。你童年的梦这时候表现出强劲的活力，你马上就下定决心，非抓住这个机会不可。你毫不犹豫，立刻通过武汉大学保卫部向湖北省公安局提出申请，你要去美国探亲，去看你年过古稀的母亲。看母亲，跟父母团聚，自然是你心中强烈的愿望，只是这背后还有一个不说更强烈、至少也是同等强烈的愿望，就是去美国留学，念博士，圆你少年时代的梦。你之所以不说申请留学，是那个时候在邓小平领导之下的中国政府，虽然比"文革"时代开明得多，但还没有开明到派留学生到美国去学社会科学的程度。当时已经有一小批人被政府送到外边去学科学技术，但没有一个学社会科学或文学艺术的。因为在社会科学方面，马列主义仍然是世界上最先进的思想体系，如果西方的科学技术尚有可学之处的话，那么他们的社会科学比起马列主义来，那实在是差得远了，有何留学之必要？何况你在武大念的又是中文系，难道还要跑去向洋鬼子学中文不成？所以这话是说不出口的。

　　一九七九年一月中美建交，你四月间就提出了申请。半年过去了，石沉大海。直到那一年的冬天，武汉大学保卫部才找你去谈话。你甚至还记得那个保卫干事姓张，个子很矮，在男人中你已经算是够矮的了，他居然比你还矮一截。这个小矮子态度极不友善，他斩钉截铁地告诉你："唐翼明，不要想去什么美国，我正式通知你，公安厅不批准。"在那个时代，这一类管人事、管保安的人都是骄横惯了的，因为他们手里握着你的生死大权。他大概绝对没想到，他的语气把你激怒了，你大声对他说："为什么？你们凭什么不让我出去？你给我告诉你的上级，我唐翼明不接受这个决定。"他居然一时反应不过来，大概因为从来没有人敢这样对他说话吧。他的上级就是湖北省公安厅，你唐翼明什么东西，居然敢挑战省公安厅？你没等他反应过来，砰的一声关上门就出来了。回到寝室，你把这件事讲给你的同学听，大家都摇头叹息，一个同学（可惜你忘了是谁，是不是陈书良）说："唐翼明啊，你吃了豹子胆啊，你怎么敢跟他们吵？你要出不去，以后搞起运动来，你这一辈子小鞋穿不完！"你这才清醒了，突然觉得有些后怕，有点后悔自己的脾气太大。也很奇怪，"文化大革命"整了这么久，你的脾气还没有被整下去？是不是考上研究生又有点得意忘形了？但你心里有一种直觉，时代变了，这个小矮子的话没有什么道理！不让你出去是错误的。不过你得动点脑筋，这件事情不能就此罢休。

你想来想去，决定给中共中央写一封信，干脆把这件事情捅到最高层。你的朋友们也赞成。这里面有一个人是最关键的，你这一辈子不会忘记他的豪侠仗义，你最终能够去美国，他实在是功莫大焉。这个人叫朱军。在你的朋友圈中，他是大家公认的美男子，高挑挺拔的身材，英俊潇洒的风度，尤其是与众不同的五官，鼻梁高挺，轮廓分明。你一直怀疑他有外族血统，多年后你才从他自己的口里得到证实，他果然是宋朝时来中国开封经商的犹太人的后裔。当然，是不是美男子不重要，重要的是他肯仗义帮忙，更重要的是他具备帮忙的能力，因为他是武汉市"文革"前的老市长刘惠农的女婿。你跟他本来是一个天上一个地下，没想到"文化大革命"刘惠农被打成"反革命修正主义分子"，朱军和他的太太刘小青以及他们的一圈朋友也就成了走资派的子女，降到了跟你差不多的地位。没有这场"文化大革命"，你们是成不了朋友的。刘惠农在邓小平上台以后官复原职，而他许多在北京的战友也官复原职。朱军答应把你给中共中央的信送到北京中央领导的手中。你在那封信里说，你认为湖北省公安厅不批准你去美国探亲，不符合中央的新精神，你认为是地方上思想仍然不解放的表现。你还说，你推测省公安厅之所以不批准你去，原因是你的家庭背景，因为你的父亲曾经是蒋介石的秘书，现任台湾考试院考选部的部长。你说，我们中央的新精神是呼吁国共第三次合作，呼吁台湾回归祖国的怀抱，如果现在唐振楚的儿子要去美国探亲都得不到批准，那么他的那么多的上级下级和同僚，如何能相信我们有合作的诚意？你这封信最后究竟到了谁的手上，谁过了目，是邓小平本人呢，还是其他中央的高层领导人呢，你不得而知。但是那结果出来了，就是公安部通过武汉大学保卫部通知你去北京，说副部长要亲自接见你。这一回张矮子的态度突然变得很和蔼了，你就想这回或许有希望了。

　　这已经到了一九八○年的年底，你还记得你走进北京公安部的那一天，外面正下着鹅毛大雪，你穿着厚厚的棉衣，一步跨过你这一辈子从未见过的最高的、也是最森严的衙门。那衙门的样子你已经记不清了，你印象最深的是你一进去就有一股热烘烘的暖气直扑过来，你这一辈子到那时为止，还不知道暖气是什么滋味。那通道似乎很长，你走着走着就觉得热不可当，又不敢把棉衣脱下来。你毕竟不知道前面等着你的是什么，这可不是武汉大学的保卫部，你要碰到的人也绝不是张矮子那一流的。你终于走进了一个大厅，有人让你坐下来，并且给你端上一杯热腾腾的茶水，你喝了一口，觉得更热了，汗从你的头上冒出来，沿着脖子往下流。前方有一张大桌，一个大干部模样的人走进来在桌后坐

你的父母。（一九五七年摄于纽约）

下，你猜想，这大概就是要接见你的那位副部长。你怀着忐忑不安的心情，等待着决定你命运的那一刻的到来。汗从你身上的所有毛孔钻出来，你觉得这等待的时刻特别长。那位大干部开口了，不料语气竟然十分和蔼，他说："唐翼明，公安部决定批准你去美国，你们一家人都去。希望你去了美国以后，不要骂共产党，为祖国统一多作贡献……"下面还讲了一些比较具体的话，你记不清楚了。但最后几句你记得，他说："我现在就给你们湖北省公安厅打电话，你明天回到武汉就可以拿到你们全家人的护照。"他果然立即抓起桌上的电话，当着你的面打起来，你也果然在第二天回到武汉直奔省公安厅拿到了你们全家人的护照。一个礼拜之后，你又回到北京去美国领事馆申请签证，使你万万料不到的是，这次居然是老美不让你们一家去美国，只肯批你一个人去，那原因是如果你们一家到了美国，就可能待着不走，有移民嫌疑。无论你怎么解释都没用，最后也只好认了。眼看着他把你的护照上你同小儿子的合照划去一半，底下注明：This child is not included（不包括这个小孩）。

　　这一天是一九八〇年十二月十八日。签证三个月内有效，你在两个月里写完了你的硕士论文，通过了答辩，于一九八一年三月十五日到了美国。事后，你记得朱军告诉你一个有趣的细节，他说，那个接见你的副部长叫凌云，也就是后来担任审判"四人帮"的审判长的凌云，是他岳父的老战友。凌云是个老革命，北京关押政治重犯的秦城监狱，他是监管者之一，但不料没多久"文化大革命"开始，他自己也被关了进去，这一关就是八年，邓小平上台才放出来。朱军说，他看了你写给中央的报告后，把报告往桌上一甩，说："按中央政策就该放，这次就是蒋经国的儿子，老子也把他放出去了，莫说是唐振楚的儿子！"这个细节的真实性你无法求证，但朱军说得这么绘声绘影，想来不会是编的。

　　我一九八〇年十二月十八日拿到美国签证,签证有效期是三个月,所以我必须在一九八一年三月十七日前赶到美国。我的课程已经修完,但论文还没有开始写,资料倒是收集了一些。我一面向学校提出毕业申请,一面动手写论文。我大约有六十天的时间,如果每天不少于一千字,那么一篇六万字左右的论文是可以完成的。我后来果然完成了,题目是《从建安到太康——论魏晋文学的演变》。

　　学校那边则把我的申请报到教育部,因为我是"文革"后第一届研究生,全国统一学制是三年,现在要提前半年毕业,武汉大学做不了主。教育部回答说,你们必须把这个学生的全部成绩单寄过来,还要把他的论文也寄过来。审查通过了,教育部又叮嘱说:这是我们国家第一个硕士毕业生,你们必须进行严格慎重的答辩,答辩委员会的教授不仅要有你们武大的,还要有其他学校的,而且至少要有两名外地的。后来答辩委员会组织好了,一共九位教授,武大的五位,包括我的指导教授胡国瑞先生,武汉外校的两位,记得有武汉师范学院(现在的湖北大学)的张国光教授,外地的则有北京大学的陈贻焮教授和中国人民大学的廖仲安教授,但廖仲安教授后来因为感冒临时不能来,所以实际上只到了八位。

答辩在三月五日举行,八位教授都坐在大礼堂的台上,我则坐在台下的最前排,有一张专用的课桌,在讲台的左下方,成四十五度角对着台上的教授们。那一天大礼堂里全部坐满了人。我的同学当然都来了,不仅有中文系的,还有武大七八、七九两届各系的研究生同学。邻近的外校,如华中师范学院(现在的华中师范大学)、华中工学院(现在的华中科技大学)的研究生以及他们的导师们也有不少人来参加。因为这是全国第一次研究生答辩,大家都想来看看这答辩应当怎样进行,怎么个考法。湖北省教育厅和武汉市教育局的领导干部,以及武汉大学的校长、副校长都来了,据说还有几个记者。

答辩在九点钟开始,整整进行了三个小时,到十二点才结束。我开始只就论文作了若干说明,阐明我的主要观点,接下去就是答辩委员会的教授们发言。大家对论文基本上都是肯定的,尤其是张国光教授和陈贻焮教授最欣赏我的论文,张国光教授的发言简直可以说是热情洋溢,称赞备至,我非常感动于一个老教授对一个青年学生的奖掖。陈贻焮教授也是一样。陈先生是著名的学者,除了在北大任教以外,还担任《文学遗产》杂志的审查委员。我不久前刚在《文学遗产》上发表的《论李白的失败与成功》一文,就是他审查的。他对我的那篇文章很欣赏,立刻就采用了。一个在校研究生在《文学遗产》这样的权威刊物上发表文章,在当时是一件相当光彩的事,我跟陈先生也从此结下了师生缘。后来去了美国,我们还一直保持通信,直到他去世为止。

教授们当然也提了一些意见。我现在只记得其中最关键的一个问题是,当时的教科书和正统派的历史学家都一致认为,两晋的士族阶级是一个反动的阶级、腐朽的阶级,我却认为士族阶级在开始还是进步的。正统派的历史学家又认为曹操在当时是代表新兴的中小阶级的利益,司马懿才是代表反动的士族阶级的。而我在论文中却认为经过汉末的大动乱之后,统治阶级中的皇族集团和士大夫集团,以及被统治阶级中的农民起义军,表面上看起来是三者同归于尽,但其实是士大夫集团取得了最后的胜利。三国时代的政权其实都控制在士族的手里,三国时代政治舞台上的代表人物基本上都属于士族阶级。有两位教授就问我:如何证明你这个与教科书不同的观点?我记得我答辩的时候首先感谢老师们的爱护,接着就引用亚里士多德的话:"吾爱吾师,吾尤爱真理。"开始为我的论点辩护。我本来就料到这个问题会被提出来,所以我准备了一大沓卡片,卡片上整理了三国时代主要政治人物的家族背景。我引用这些资料,详细论证自己的论点。我本来还有些担心我的观点会不会被视为离经叛道,但是没想到几乎所有的教授都对我的答辩给予了一致好评,说我不仅有自己独到的观点,而且做了扎实的研究,有确凿的证据。

答辩结束以后,当时的武大副校长童懋玲第一个走到我的面前,紧紧握住我的手,说:"唐翼明,你今天的答辩很精彩,谢谢你为武汉大学争了光!"我的导师胡国瑞先生也走过来称赞说:"你的答辩很好,我还生怕你不敢坚持自己的观点呢。"大家散去以后,童校长特别拉着我的手,让我和校领导以及教授们一起吃饭,那大概是我平生至此享受到的最高待遇。

答辩之后两天,三月七日我就去了香港,三月十五日到了美国。到美国之后,我收到家里寄来的一封信,里面有一张剪报,报道我那次答辩的情形,称我是改革开放以后第一个取得硕士学位的人。我看了自然高兴,但令我真正得意的倒还不是这个第一,而是那个答辩会的规模,实在可以说是空前绝后。考一个硕士,而由九个教授（实到八个）组成答辩委员会,有三百多人来旁听答辩,这简直是天方夜谭。我自己后来在美国通过博士论文答辩的时候,也不过五个教授而已,没有任何人旁听。我在台湾当教授的时候,参加和主持了无数次的论文答辩,硕论答辩一概是三个教授,博论答辩一概是五个教授,偶尔有一两个答辩人的好友旁听,绝大多数时候是没有任何人旁听的。我有一次跟我指导的学生谈起这件事,看到的是两只瞪大的眼睛,一副难以置信的表情:"真的吗？"

走进哥大

我一九八一年九月进入美国哥伦比亚大学，一九九一年二月通过博士论文口试，五月拿到博士证书，前后在哥伦比亚大学注册十年之久。我在一九九〇年九月已经写完了博士论文，九月二十八日到台湾，任教于中国文化大学。这最后一年，除了口试跟毕业典礼之外，其他时间并不在哥大。但即使把这一年去掉，我在哥大校园生活的时间也足足有九年之久。一个人一生中有九年十年的时间生活在世界一流的大学校园里，实在不能不说是一件极为幸运的事。

我很怀疑自己在三十岁之前是否知道世界上有一所哥伦比亚大学，鼎鼎大名的胡适是哥大毕业的博士，照理说我们这些读过几本书的人都应该知道，但是一九五五年大批胡适反动思想，我尚在衡阳乡下读初中，未能躬逢其盛，何况我们要批的是胡适的反动思想，至于胡适光荣的学历跟履历是没人宣传的。听说我进了哥大以后，我曾任教的三阳路中学的一位英语老师还说："什么哥伦比亚？

从来没听说过,肯定是野鸡大学。"想来我也不会比他高明到哪里去。有一点非常确定,就是我在三十九岁到达美国之前,肯定没有做过进哥伦比亚大学的梦。就是到了美国,也是半年之后才敢有这个念头。我到美国的头半年呆在洛杉矶,在那里进了一个英语补习班。后来有一位在纽约附近的新泽西当大学教授的父执在电话中告诉我,你要补英文不如干脆到纽约来,哥伦比亚大学有一个很好的美语进修班(American Language Program,简称ALP),我可以帮你申请。我于是来到纽约,进了哥大。

来到哥大在纽约市西一一六街的大门时,我站在门口呆了半晌。望着门前一左一右两个雕刻的希腊女神,以及石柱上的两个英王皇冠(哥大的前身是英国的国王学院),心里真正是百感交集,恍若梦寐。我怎么会来到这个地方?

三十年前你在衡阳金溪庙,这个时候正是土改工作队来封你伯父的门的时候,你还记得那个深秋的下午,你跟堂弟抬水回来,站在厨房的门口,凄凉的斜阳把你长长的身影投射在黑色的泥巴地上。二十年前,你高考落榜,高中毕业生的你被老校长收留下来在母校教俄语。十年前的你,还关在牛棚的"五不准"学习班中挨批斗。五年前,"文革"还没有结束,"四人帮"还嚣张得很,大家还战战兢兢。三年前这个时候,你还没有接到武大的录取通知书,你那时候还是个只有高中毕业生学历的中学教师……你现在怎么会在这里?在这个世界一流学府的门口?这是真的吗?但看来是真的。

在初秋的艳阳和爽气中,我一脚跨过了这道门坎,我成了哥大的学生了。但不久我就发现,没错,我已经是哥大的学生,哥大的注册本上已经有我的名字,但是这个学生却带点编外的性质。等我念完了ALP以后,没人能够保证我继续是哥大的学生,哥大的研究所需要另

陈庆叔叔和你父母。（一九五七年摄于纽约）

外申请,能否批准尚在未定之天。我拿到申请表,在那位父执——他叫陈庆,是纽约新泽西州罗格斯大学教授——的指教下填好了表,附上我在武大的成绩单、硕士论文,和在国内几个杂志上发表的三篇文章,向哥伦比亚大学东亚语言文化系 (Department of East Asian Languages and Cultures,简称EALAC) 提出了申请。

一九八二年年初,我得到了东亚系的回函,上面说:我们很高兴地接受你为本系的研究生,不过有两个"但书":第一,你在武大研究所的成绩非常优良,但我们现在还不接受中华人民共和国的学位,所以你在本系需要从硕士念起,不能直接念博士。第二,鉴于中华人民共和国的外语教育状况,我们很担心你的英文是否够用,你既然已经在本校的ALP就读,那么我们希望你在今年秋天入学前要读到ALP的最高级,即第十级,你才可以进入本系研究所。

第一条我很愿意接受,我在中国没有念过大学,念两个硕士也是应该的,正好可以给我自己多一点时间读书,何乐不为? 至于第二条,对我却是一个很大的挑战。我在中国学的那一点可怜的英语,再加上在洛杉矶补习的几个月,到纽约后才考到哥大ALP的第四级,上面还有六级,如果我按照正常程序,一个学期念一级,那我一共还要三年才能把ALP修完,换句话说,我要到一九八四年秋天才能进入东亚语言研究所,再加上八年的努力(在美国常春藤盟校,花八年时间念个文科的硕士加博士是很正常的),我才能拿到博士。我现在已经四十岁了,到那时我不是五十岁了吗? 何况到一九八四年这个录取书还有效吗? 这一点通知书上并没有说明。所以上策是在一九八二年九月以前修到ALP最高一级。我想了想,这不是完全没有可能,因为ALP的规定是一级级地考,你只要考过就可以进入下一级,没有限定你用多长时间。我已经尝试过,在一九八一年秋季念了两级,从四级修到了六级,如果我拼命,在一九八二年的第一学期(五月初结束)我就可以升到第八级,然后利用暑假四个月的暑期班,再拼拼命就有可能在九月进研究所之前修到最高的第十级。只有这样,我才能保证自己真正进了哥伦比亚大学,否则只能算是哥大的外围而已。

我意识到这是我人生的又一个滩头。没有别的选择,只有再一次全神贯注,全力以赴,抓紧你的竹篙奋力地冲过去。你会胜利的!

一九八二年九月,我终于修到了ALP第十级,我也终于在哥伦比亚大学东亚语言文化系注了册。我对自己说:你终于进了哥大,你现在可以宣称,你是哥大的学生了。

关于忧郁症

丘吉尔晚年常常蜷缩在壁炉边。一次,他的女儿陪他看电视,电视里正在谈丘吉尔一生的丰功伟业,他的女儿扭过头来对丘吉尔说:爸爸,我真羡慕你,你这一辈子过得这么精彩,取得了这么多的成就。不料丘吉尔却颓丧地对他女儿说:我这一生一无所成。丘吉尔并没有开玩笑,事实上丘吉尔的晚年一大半时间都在这种颓丧的情绪中度过,恐怕没有几个人能够理解丘吉尔的心情。丘吉尔的话当然不是事实,丘吉尔是伟大的政治家,他作为英国首相,领导了他的民族在第二次世界大战中战胜纳粹德国,是二战后世界秩序的重要建构者。他又是一个杰出的历史学家,他优美的文笔让他获得诺贝尔文学奖。他还长寿,活到九十多岁。他显然是一个不屈不挠的人,他一生的主要成就都是在他七十岁以后完成的。这样一个人,居然会说自己一无所成,显然与真实相去甚远。但我知道,他说这话的心情却是真实的。你可以列举一大堆详细的事实和数据,来说明他一生的辉煌成就,可是你改变不了他的心情。

你大概很难理解丘吉尔，因为你没有得过忧郁症。我能够理解丘吉尔，因为我得过忧郁症，我有过跟丘吉尔同样的心情，虽然我没有他那么伟大。

忧郁症的症状很难确切地描述，而且它可能因人而异。我或许可以根据我自己的经验，大致地向你描绘一下。在忧郁症发作时，你觉得你头顶上笼罩着一片厚厚的乌云，你见不到一丝阳光；你觉得你处在一个橡皮堡垒中，四面都没有出口，而那橡皮墙却是你无论如何也摧毁不了的；你觉得你被扣在一个厚厚的玻璃罩中，你跟外界的人和事物的一切接触都似真若幻，总隔着一层东西；你知道你的四肢和脑袋还在，但是你仿佛失去了指挥它们的能力，你觉得你什么都做不好，什么事都让你觉得非常艰难；你丧失了做事的能力，也丧失了做事的兴趣；你以往最喜欢做的事情，你现在也觉得毫无意义，提不起兴致来；你随时随地处在一种紧张、恐慌、无助的心情之中；你慢慢变得害怕与人接触、与人谈话，能不出门便不出门，甚至连电话铃响你都感到紧张和害怕；你告诉自己不要紧张，不要害怕，但是你做不到；你开始变得意志软弱，你害怕单独去做任何事情，你因为没有把握、没有信心、没有安全感；一个悲惨的或者恐怖的电影镜头都可以让你伤心流泪好久；而且你变得优柔寡断，什么事情你都作不了决定，你拿着服务生送来的菜单可以半天点不了菜，因为你不知道点哪一个菜好。总而言之，你像突然变了一个人，不是外貌变了，而是性格变了，这让你的亲友困惑，也让你自己感到惶恐。而且更重要的是，你不知道这个日子何时是个了结。你觉得活下去实在太累了，于是你想到解脱。

这就是我所感受到的忧郁症，我由此理解了自杀的人为什么会自杀，我相信这个世界上绝大多数自杀的人其实都是死于忧郁症。尤其是那些看起来很优秀的人,很有成就的人,他们的自杀我敢肯定百分之九十九是因为先得了忧郁症。文学艺术圈中尤其常见。弗吉尼亚·伍尔夫、凡高、海明威、川端康成、茨威格、柴可夫斯基、卡夫卡……都是。为什么偏偏是这些优秀的人容易得忧郁症,甚至导致自杀呢? 我不是医生,我无法解释明白。我想,或许是这些人在奋斗的过程中对自己要求太高,积累了太多的压力,这些压力导致了忧郁症的爆发。而发病以后,他们往往又不能面对一个变成了无能的自己,他们也不堪忍受生活品质的沉沦,当他们看到这一切几乎没有改变的希望时,则宁可选择结束自己的生命。

当然,我们不能说普通人就不会得忧郁症,我相信一个人在遗传上如果有忧郁的因子,而不幸在某一个时刻又压力过于沉重,特别是各种压力纷至沓来超过他所能够承受的限度时,都会得忧郁症,也都可能导致自杀。只是患上了忧郁症,甚至自杀的普通人,社会上很少关心,大家都不知道他们的名字罢了。忧郁症这个名词二三十年前还很少听说。二十七八年前我在美国第一次得此病的时候,我对它还完全没有概念。有个朋友对我说,你可能是depression,我那时连depression是什么意思都不知道。这些年来,忧郁症这个名词慢慢开始为人们知晓,甚至有变成流行词的趋势。在台湾这个词已经流行了若干年,我常常在地铁上看到一个什么基金会的广告,说台湾四分之一的大学生有忧郁症的倾向,或已经患有程度不等的忧郁症。不久前,内地的一家报纸甚至说深圳有百分之二十的人患有程度不等的忧郁症。我无法断定这些数字的可靠程度,但是我相信,患忧郁症的病人的确越来越多。是从前我们不知道这种病呢还是现代人的生活方式加速了这种病的流行? 我不知道。

但是一般人对忧郁症还是知道得甚少,我们通常会对一个心情忧郁的人说：你为什么这样忧愁呢？什么东西值得你这样忧愁呢？你为什么这样悲观呢？你为什么不振作呢？你应该振作起来，快乐起来。可是我们不知道，当我们这样对一个忧郁病患者讲话的时候，就无异于是对一个下肢瘫痪的病人说：你应该站起来啊！你为什么不站起来呢？看你两只腿好好的，有什么理由不站起来呢？你要努力站起来。那么听的人只有苦笑而已。许多患忧郁症而自杀的人，正是死在看似热情实则冷漠的、完全缺乏理解的指责声中。

忧郁症是一种精神病，而且会反复发作，得了一次的人，就可能会有第二次、第三次。在肉体上你也许看不出什么明显的症状，可病人在心理上、精神上却痛苦至极。这种病最可怕的是它从内部摧毁你的自信心，摧毁你的意志，也摧毁你产生快乐感和幸福感的能力，最终摧毁你生活的欲望。忧郁症患者需要的是耐心的倾听、细心的关怀、理解的同情和持续的鼓励，对症的药物治疗也是必不可少的。

关于忧郁症我还有许多话想说，留待下一篇吧。

再谈忧郁症

我平生最屈辱最痛苦的经验，不是"文革"中被打成"反革命"关进牛棚，不是挨学生的耳光，被打翻在地还踏上一只脚，而是患忧郁症。迄今为止，我已经患过两次忧郁症，会不会患第三次，我不敢说。但如果有上帝，我愿意恳求上帝，千万别再考验我一次。但谁能打包票呢？忧郁症恰恰是一种很难根除的、随时有可能复发的、极其可恶的顽疾。英国著名小说家维尔吉尼亚·伍尔芙，就是被反复发作的忧郁症，弄得失去了活下去的勇气而投河自杀的。我的朋友，德国著名的汉学家马汉茂，也是因为忧郁症而跳楼的。我认识他很多年，见面不多，但每次见面他总是热情洋溢，滔滔不绝，我做梦也料不到他患过忧郁症。后来听一些更熟悉内情的朋友告诉我，他从四十岁第一次忧郁症发作，每隔十年发一次，到第三次他终于没有挨过去。他死在台湾的一家医院，居然当着他太太的面，从窗口纵身而下。我的朋友和学生中因忧郁症而自杀，或虽未自杀而折磨得死去活来的人还有好几个。

假定我们以一般的常识来判断,这些人似乎都没有要自杀的理由。甚至可以说,他们连痛苦的理由都没有,差不多就是自寻烦恼。他们不愁衣食,也有一定的社会地位,有的甚至还可以说是相当成功的人。可是他们的痛苦是真实的——你不知道,我知道。

我第一次患忧郁症大约开始于一九八一年的深秋,在我到达美国半年之后。初到一个新世界的惊奇和兴奋渐渐淡褪,而重重的烦恼和压力却纷至沓来。一棵四十岁的大树连根拔起,栽进一片陌生的异乡土地,一切都不一样,一切都重新开始,举目皆是异类,开口几同白痴,那种困窘难堪非过来人是很难体会的。美国梦(American Dream)前景渺茫,新生活举步维艰。“顿顿三明治,天天ABC”,也让我精疲力竭,胃口倒尽。有一天发生了一件怪事,让我惊恐不已,现在想起来还有后怕。那一天上完英语课,我背着书包回到曼哈顿北一五八街的宿舍,这是纽约的一个贫民区,混杂地住着黑人、西班牙裔和少数华人。我住的是一个华人老板的房子,四楼,由一栋老公寓改造而成。下了地铁,还要步行十来分钟,穿过肮脏破烂的贫民窟,才能走到这座公寓。公寓的中间是一个过道,两边对排着十来个房间。老板是一个单身汉,七十来岁了,自己住了两间,其余便分租给刚到美国的穷学生或打工的。那天正是深秋,下了地铁,在哈德逊河边萧瑟的秋风和枯黄的落叶中走回寓所,满身是疲惫,满心是凄凉。上得四楼,发现静悄悄的,原来我是第一个回来的租客。从过道里走向我自己的房间,好像穿过一间空荡荡的鬼屋,只听见自己的脚步声在背后踏踏地响,心里涌出一股莫名的恐惧与悲凉。推开门,把书包放下,脱掉外衣,抽出一层五屉柜,准备换一件衣服。突然,一件奇怪的事情发生了,我发现自己已经不能动弹,我取出了衣服,却没办法把抽屉再关上,甚至连把衣服套在身上的力气都没有了。我并没有感冒,没有发烧,头也不痛,四肢都健全,但就是不能动,身体仿佛只剩下了一个躯壳,所有的肌肉、血液和精气神,都从这个躯壳里被抽干了。这个躯壳现在仿佛是一个蚕蛹,意识倒还在,但这意识无法指挥自己的手脚。我没法判断到底发生了什么事,一滴眼泪从眼睛里流了下来,然后是第二滴,第三滴,然后就不停地流,流得满脸都是泪。一个空壳子就这样留在了地板上,一分钟,两分钟,五分钟,十分钟,半个小时,一个小时,一个半小时。窗外暗下来了,夜色落了下来,这个壳子还在地板上。我想,我大概永远起不来了,我大概会这样死去。如果这样死去是不是就是羽化? 或者叫金蝉脱壳?

然而我没有死。两个多钟头以后,精气神慢慢回到了我的躯壳里,我竟然又可以动了。我终于把抽屉推了进去,我终于爬上了床,我终于和衣而卧,睡过去了。第二天早上起来,我还是我,但觉得自己不再是原来的那个我了,从前那个个性很强、很有主见、很骄傲、很自信的我,正在慢慢地离去,我非常惶恐地发现这种令人惊悚的变化。现在住在隔壁的几个年轻人过来喊:"唐翼明,我们今天晚上去看场电影吧。"我站起来就跟他们去了,而从前我通常是不去的,因为我有太多的书要读,我自己没有起念去看电影,别人是叫不动我的。现在电视中出现一个恐怖的镜头,我会突然觉得害怕,害怕得转过头去不敢再看,眼泪也跟着流了下来。有时跟这群朋友去散步,穿过一块墓地(美国的墓地常在路边,没什么稀奇的),我居然也会无端地觉得凄凉和恐惧。怎么了唐翼明? 你怎么变成一个懦夫了? 那个天不怕地不怕的唐翼明到哪里去了?

这就是起头,忧郁症的起头。第二年夏天读完了美语进修班(American Language Program),升进东亚研究院以后,随着功课压力的增加,这种情形一天比一天严重,你自己感觉到,过去那个坚强无畏的我渐渐蜕出你的躯壳,而一个软弱畏葸的我,竟然挤了进来,一步步把原来的那个我挤出去,在你的身上正在上演一场真假美猴王的怪剧。可你还得撑着,你每天还得起床,还得吃饭,还得背着书包上学去,还得跟同学老师打交道,也还得办一切你需要办的事情。你还要努力装着若无其事,你害怕别人看出你的变化,或者说你羞于承认和呈现这种变化。于是你辛苦地挣扎着,两个我在你的身上撕扯着,外表的我努力地维持着旧模样,艰难地去应付外部世界,里面的那个我却提不起一丝兴趣来,而且知道自己不再是原来的自己。开始还希望这种撕扯不至于太久,希望不久之后还会恢复原样,两个我合二为一,成为你原本的真实的自己。但一天天拖下去,这种可能性越来越渺茫,两个我撕扯得愈加厉害,而这种痛苦你无法告人,也羞于告人。到后来,你终于挺不住,你希望找个人倾诉,可是你发现没有人听得懂。"你不是好好的吗?"别人说。"你只是自寻烦恼。"另一个说。"要振作啊,老唐。"再一个说。你觉得羞辱,你不说了,你开始绝望。有人介绍你去看心理医生,你跟心理医生见过两次面。那是个老美,你那破烂的英文怎么说得出你这种微妙的深层的痛苦呢?那老美也不知道怎么帮助你,于是只好不了了之。你连心理医生也不再看了。

你的心思越来越专注在自己的内部,你的心力和精力都消耗在你内部那两个我的挣扎与争斗上。你渐渐对外部世界失去了兴趣,对他人失去了兴趣。你本来是一个有心于用世的人,甚至不妨说是一个很有野心的人,现在你却对国家大事世界大事都了无兴趣。你本来是一个喜欢社交也善于社交的人,现在却对朋友和熟人都失去了兴趣。你本来是一个很爱美的人,现在连对美女都失去了兴趣。你的痛苦无法告人。更重要的是,你那残存的骄傲阻止你把现在这个懦弱畏葸的毫无自信的自己展露在别人的面前。这种情形日复一日,越来越令人难以忍受,而且看不到尽头。一个我告诉你,这一切会结束的,不可能永远如此,你会恢复,你会回到原来的自己。另外一个我说,恐怕未必,也许这种局面永远没有了结,情形会越来越差。前面一个我说,如果真如你说的,那我宁可不要,我无法忍受这个没有希望的自己,我不能忍受这样没有品质的生活,我宁可自己了断自己,也不要这样活下去。另外一个我默然。但是前面一个我不肯相信事情真会这样,他告诉自己,你必须咬紧牙关,你必须奋力冲过这一段黑暗的时期,闯过去,你就是一条好汉,闯不过去,你便是一个孬种。

　　是的,你还有一条路,你可以买一张飞机票,明天就离开这个当初你那么热切盼望的,现在却令你进退维谷的该死的美国。可是,前一个我说,你要知道,你可是全中国改革开放后第一个拿到硕士学位的人,你是以第一名考进武汉大学中文系研究生班,又是第一个毕业的。你别忘了你那天离开武汉时,有一百多个亲友到车站来为你送行,他们眼里流着泪,他们舍不得你,也多少把你当做一颗正在冉冉升起的明日之星。你现在这样蔫头铩羽地落荒而逃,你何颜见江东父老?你会让他们多么失望。不要忘记你自己说过:"百折气未减,丘山空阻留。"(《长江远眺》,一九七五年)不要忘记你说过:"快加酒,杯莫歇,我辈岂是碌碌客?平生志向我自知,岂为沉醉避风雪?一杯能壮英雄胆,赤手搏虎心如铁。"(《劝酒歌》,一九七五年)好了,现在大家都知道了,唐翼明原来是一个只会说几句大话,写几句豪言壮语,眼高手低志大才疏的人。如果真是这样,你还不如干脆跳楼了好。不,不,你偏不信,你这一生不是闯过了一个接一个的滩头,降伏了一只又一只的老虎吗?这回的老虎是你心中的老虎,也是更可怕的老虎,但你还是要斗斗看,宁可死于虎口,也不做逃兵。

　　终于,苦斗一年半之后,转机来了。那一个学年末(一九八三年五月),成绩单发下来,你修的四门课两门是A,一门是A-,另一门是本来就不计分的R,所以你的成绩可以说是全优。你得到了哥大最高的奖学金——President Fellowship。President Fellow是一种很高的荣誉,只授予前百分之五 (Top five percent) 的研究生,是可以终生写在履历表上,使人刮目相看的一种资历。你再一次证明了自己,即使是在白人成堆、强手如云的美国一流的常春藤盟校里,你仍然是优秀的。更重要的是,有了这个奖学金,你不仅免除了所有的学费 (每年约三万美金),而且吃喝住用都不愁了,你不必因经济问题而加重父母的负担了。那年暑假,你又好运惊人地只用三个月就拿到了美国的绿卡,因此你有可能把妻子儿女接过来,一家重新团聚了。还有一件重要的事,你无须隐瞒,你居然赢得了一个美国女孩的爱。她是那种典型的金发碧眼的姑娘,她的祖先是乘着“五月花号”从英国到新大陆的第一批移民。她的爱,让你亲近了美国这个民族,亲近了美国这块土地,彻底解除了你的陌生感与不安全感。

于是,你的信心恢复了,忧郁症逃走了,你霍然而愈。你到底降伏了吊睛白额虎,过了景阳冈。天又晴了,阳光重新灿烂起来。

三谈忧郁症

我第一次忧郁症痊愈之后二十年没有再发。我以为这只老虎已经被我打死了,我甚至还有点怀疑,我那次得的到底是不是忧郁症?我读到过一位美国学者（一时记不起他的大名来）关于压力和疾病的一本书,说一个人在一段时间里承受的压力超过他能够负荷的极限就会生病,他甚至把这些压力一一列举,并且数量化,例如,一个人失恋,他的压力指数是二十;离婚是二十五;丧亲是三十;失业是十五;搬家是十;移民是二十;考试不及格是十;被上司责骂是十;如此等等。假定某个人他能承受的压力极限是六十,但他在一段短时间里先后遭遇离婚、丧亲和失业,这些压力累积起来是七十,于是他就会生病。但他没有说一定会得忧郁症,可能是别的什么病。我想我在刚到美国不久就是因为各种压力加起来超过我能够负荷的极限,于是就病了。到底是什么病? 或许是忧郁症,或许是别的什么病。不过我明白,总之是属于某种精神障碍,大概是没有问题的。那个时候"忧郁症"这个名词还不怎么流行，我自己内心深处总不太愿意承认那就是忧郁症。二十年之后我不幸又碰上了这只老虎，才知道它并没有被我打死。当然，这次碰上的老虎是那只旧老虎的儿子也说不定，但我这次不再怀疑，我碰到的的确是老虎，由此证明前面那次碰到的也确实是老虎。

一九九九年七月我父亲突然去世。那天我刚从台北飞到纽约，第二天就接到父亲病危的电话，我止不住号啕大哭，直奔飞机场，终于弄到一张票，立刻飞回台北，但还是没有见到父亲最后一面。平时父亲在不觉得，现在走了，才突然觉得自己的世界已经缺了一角，再也补不回来。我目睹父亲的遗体推进火化炉，出来便是一堆骨灰，捡骨师把他摊在我们面前的桌面上。作为长子，我第一个用竹筷把一块还没有完全烧化的骨头夹起来放进骨灰坛里，我的心哀伤而麻木，原来人生就是如此。"格乎上下者藏于区区之木，光于四表者翳乎蕞尔之土。"（《陆机吊魏武帝文》）这是我成年以后第一次直面至亲的死亡，而我自己也已经快六十了。幸而我母亲还在，我的天还没有完全塌下来。我的天全部塌下来是二〇〇三年十月，那一天我正在政治大学旁边的一个小餐厅里跟我指导的一位学生边吃饭边讨论她的论文，突然接到家中菲佣打来的电话，说母亲得了急病要我赶回去。我立刻叫了计程车赶到家，母亲已经不能说话了。急送医院，是脑溢血，两天后就去世了，没有留下一句遗言。我再一次目睹母亲被送进焚化炉，再一次用竹筷把母亲的骨头捡进骨灰坛里。

从前父亲过世的时候，还有母亲，现在母亲也过世了，我已经什么都没有了。我终于成了无父无母之人，而自己也年过花甲了。我从此失神落魄，多年没有发过的心绞痛又发作了，血压也升得很高，终于在次年八月住进了医院，开始正式服用降压药。出院后，血压又升起来，再去看医生，换了一种药，血压很快降了下来，脉搏也变得很慢。开始感觉还不错,但半个月之后就不对劲了,觉得心情越来越低落,怎么也高兴不起来,睡眠不安,精神恍惚,一个大而透明的网正在我的头顶张开,慢慢地落下来,终于把我罩在里面了。我仍然生活在这个世界里,我仍然跟我周围的人来往,我仍然教我的书,做我的事,没有人看出我有什么变化,可我自己知道,我同他们之间有了一张无形的膜,把我同他们隔开来。我大部分时间生活在那个膜里面,不停地咀嚼我自己的忧伤痛苦,我对膜外的事情一件件失去了兴趣。

我赶快停了药,经过几个月,情形才稍稍好了一点。可血压又高起来,这次看了另外一个医生,开了另外一种药,服下去效果也是出人意料地好,血压正常,心跳正常。我有点担心要重演几个月前的故事,果然又演了。才一个多礼拜,我的心情突然又跌落到极点,赶快停了药。但这回心情却完全好不起来了,而且一天比一天严重。那张透明的网,更加牢不可破,我对网外的事情越来越没兴趣,但我还得跟网外的世界打交道。网内的我,啃噬着自己的灵魂,满嘴都是被咀嚼的痛苦、孤独与绝望。网外的我,拼命支撑着疲惫的身体,去应付网外的人与事。两个我不断地撕扯,两个我都挣扎得很辛苦。负载着这两个我的身体,也百病丛生。我开始心悸盗汗,每天早上醒来就是一身汗,枕头床单湿成一片,白天要更换四五次汗衫,刚刚洗完澡,穿上汗衫,又湿了,又得再换。睡觉越来越困难,吃饭越来越没有味道,无论是睡觉或吃饭,都不再是一种享受,而是一种痛苦。而不吃不睡的时候,也还是痛苦。这痛苦像汪洋大海,无边无际,看不到尽头。这痛苦像茫茫大雾,让你看不清上下左右的一切,你在里面高一脚低一脚、心惊胆战地摸索前行,随时可能掉进无底的深渊。这痛苦像一个橡皮堡垒,你左冲右突,总是被弹了回来,你找不到任何出口。有个中医甚至告诉我,我这种病古代叫做"百合症",所谓"宗气血脉,百不合之病也"。我开始确知,二十年前发生的事情又重新发生了,而且这次比上次更严重。

我已经常常想到死,死的念头像讨厌的苍蝇一样,不断地在脑海盘旋,无论如何也驱赶不掉,发出嗡嗡的叫声,让你厌烦不已,也恐惧不已。你还有一点理智,不断地警告自己:"Don't do anything stupid!"这样才没有认真地去计划自杀。

你不仅对外部的世界渐渐失去兴趣,你甚至变得害怕那个外部的世界,你提不起兴致去做任何事情,也不想见任何人。只要有可能,你宁肯把自己关在屋里,一步都不出去。事实上,每当你出去要办一件事,你都得跟自己斗争半天。去?还是不去?你不断地犹豫着。你下不了决心。你残存的理智告诉你必须要去办这件事,但是另一个你却不想出门。所以你总是不断地把事情往后推,找各种借口说服自己,不拖到最后一刻,你是不会去做的。到了最后一刻,你往往也只能作一个胡乱的决定,你没办法判断这样对不对,只因为这是最后一刻,你不得不作决定了,你不得不硬着头皮把手上的卦掷出去,到底是阴卦还是阳卦、胜卦,你只好听天由命。你一天一天缩进自己的壳里,你外表看起来"静",而内心则时时刻刻都在痛苦地"动",而这"动"是像钟摆一样地在"是"与"不是"、"做"与"不做"之间来回摆动,你的精力和心力急速地消耗在这种痛苦的来回摆动中,事情却没有任何进展。你筋疲力尽。你怔忡不安。你内心软弱、空虚、痛苦、绝望。电话铃响了,你都会立刻惊恐起来,接一个电话对于你都是一件艰难的事。于是你希望不要有人打电话来,也不要有人寄信来。最后你甚至会把电话插头拔掉。你努力缩进自己的壳里,但那痛苦还是没有减少。你开始鄙视你自己,觉得自己什么都不行,什么都不如人,什么都没做好,这一生一事无成。而此后你更是什么也不能做,你就是废物一个了。可是另一个你还记得,你曾经是一个多么骄傲的、多么自信的、多么有能力的人，你完全无法接受现在的你，这个你是从前的你所鄙视的、所厌恶的。唉，不如死了的好！你多么希望明天早上不要醒来。坐上飞机，你甚至也暗暗盼望，这架飞机会失事坠落。

你也去看医生，但似乎没有什么药能帮助你。你也试着找人谈，但似乎没有人能听得懂你。你还有一个在台湾出生的小妹妹，她的智力、能力、学历、资历，都远远在你之下，但她是有爱心的，你觉得跟她谈一谈，还不至于太丢脸。她却跟你说，哥哥，你应该接受你现在的自己，你就是这样了，每个人都会这样，就活在当下吧，你就承认自己只能这样，不是很好吗？人都有软弱的时候，人的尽头就是神的起头。你要相信神，向神祷告，人是软弱的，神才是万能的。于是你跟她去教会，去听牧师讲道，去跟弟兄姐妹们一起聚会。但是另一个你总是心不甘情不愿，他说，这些道理没有逻辑，这些人说的话幼稚可笑，这些人的行为也跟幼儿园里的小孩差不多。于是在教会里你还是两个我，一个我在跟大家祷告，在跟着叫"阿门"、"阿里路亚"，另一个我在怀疑，在讥笑，于是教会你也不想去了。

你本来那么喜欢书法，现在连提笔写一个字的兴趣都没有。你本来那么喜欢朋友，那么喜欢跟人打交道，现在却慢慢变得害怕社交害怕见人。你有时被一群教会的弟兄姐妹拉出去郊游野餐，大家有说有笑，你却怎么也高兴不起来，你觉得你是一个局外人，你的身体跟他们一起走，你的心你的灵魂却仍然在那个透明的坚实的罩子里。你到后来甚至不会笑了，你脸上的肌肉已经僵硬，勉强作笑的样子也极不自然。你以后还会笑吗？你可能永远都笑不起来了。

这一回，你真正明白你是得了忧郁症。开始你还不信，这种情形拖了一年，你终于相信了，医生也明确地告诉你，这就是典型的忧郁症。但你一直回避着去精神病医院。难道我就是个精神病人了？我会精神分裂吗？我会发疯吗？我会失去理智吗？我会一步一步走向精神的深渊，直到死亡吗？犹豫再犹豫，我最后终于下定决心，直接面对它，去看专治精神病的医生。我永远忘不了我第一次走进精神病医院的感觉。虽然我周围的病人基本上都还只是轻度的精神病患者，但那情形已经足够让我感到凄凉恐惧。他们大都有人陪着，有的自言自语，有的手舞足蹈，有的满脸麻木，有的走起路来高一脚低一脚。我恨不得立刻逃出来。唐翼明，你从此以后就要跟这些人为伍了吗？你以后也会变得跟他们一样吗？不，不，唐翼明不可能走上那条路。你已经战胜了一次忧郁症，你会再一次战胜它的。医生告诉我，忧郁症大多来自遗传，诱发它的往往是精神刺激和各种压力，慢慢引起生理变化，脑子里两种元素发生匮乏，一是脑清素，一是多巴胺，这个时候就要靠药物来辅助治疗，补充这两种元素。于是他给我开了药。说来还真神奇，我服了他的药一个月以后，情形开始变好，先是睡眠变好，后来心情也慢慢平复下来。半年之后，已有明显好转。一年之后，基本复原。"继续吃吧，就把它当维他命。"他对我说。这是一个年轻的帅哥，三十几岁吧，我想很多女病人应该会迷上他。到现在我已经服他的药三年多了，其实两年前我就已经痊愈，但我还在继续服。因为这该死的忧郁症我实在已经受够了，我不想再一次掉进那个令人恐怖的网中。

美的记忆

　　你努力想追溯一下你对女性美到底是什么时候开始有感觉的，你的脑子里首先浮现出一双丰满的大腿。那好像是你在老家金溪庙的时候，住的老屋子却叫唐家新屋，那是一片冂形的建筑，前面的空地就是供大家晾晒柴火的禾坪，有好几十间房子，住着二十来户人家。起先应该全是姓唐的，但你在那里的时候已经有好几家杂姓住了进来。这一双丰满的大腿，就是那几家杂姓中的一个大姐姐的。你想她那时候大概应该是十七八岁吧，夏天天热，傍晚的时候，大家都穿着短衣短裤，在禾坪上走来走去，或端一把椅子，坐在那里乘凉。小孩子们最喜欢听大人讲鬼怪的故事、狐狸精的故事，一面吓得心里怦怦直跳，一面又听得津津有味。满天星星下凉风习习，那是一天中最快乐的时刻。也许是狐狸精故事中美女的传说启动了你对女性最初的想象与悸动，而坐在你旁边的大姐姐的一双有着美丽的曲线而又格外鲜嫩丰满的大腿，就成了你那最初的想象与悸动的附丽。这双大腿从此就在记忆里烙下了对于女性美最初的感动。直到今天你还是觉得大腿是女子身上最性感最动人的部分。你最喜欢看年轻的女子在夏天穿着短裤,尤其是近年来流行的极短的热裤,在面前走来走去。

再接下去,你记忆的屏幕上出现的是另一个大姐姐腰部露出来的美丽的肌肤。那个大姐姐并不住在唐家新屋,而是住在附近不远的一个小山村里。她的父母是你伯父的佃户,她在土地改革前还常常到你伯父家来挑水、扯猪菜。你也常常跟着她一起去玩。有一次你注意到她长裤的上方靠近腰的地方,不知什么原因,可能是裂了缝,露出一块肉来。它是那样的细嫩鲜美,令你从此忘不掉。长大之后看印度电影,妇女们都露出腰间一圈美丽的腹地,你非常赞叹印度人对于女性美的准确把握。你后来对肚皮舞以及时下女子的露脐装,毫无卫道士的反感,应当是导源于此吧。

再接下来令你时不时记起的,就是你美丽的小学老师那一张分外活泼甜美的脸。那是一张丰满的圆圆的脸,脸上有两个酒窝,嘴巴、鼻梁、眼睛、眉毛,一切都那么线条分明,那么和谐地搭配在一起。脸上总是漾着笑的涟漪,从下巴延伸到嘴角,从嘴角掠过酒窝,延伸到鼻翼,又从鼻翼掠过面颊延伸到眼梢,再从眼梢扩大到鬓角。那一张脸和脸上的笑都是那样的甜美,让你后来读到杨贵妃的时候,总觉得杨贵妃的脸刚好就是这样,不然唐明皇怎么会那么钟爱她呢?你们班上几位顽皮的男生常常一起谈论这位美丽的女老师,其中一个有一天竟然夸耀地说他看到了这位女老师洗澡。不能说绝对没有这种可能,因为老师的宿舍靠近山边,山边有条小路是这个学生上学的必经之路。这引起了你们其他几个人的极大的艳羡,又极大的愤怒,终于找个机会把那个家伙痛揍了一顿。后来听说这位女老师嫁给了小镇上的供销合作社的主任,那个主任你也认识,瘦瘦的像个猴,一张刀背脸,你们一个个无可奈何地叹息说："真是一朵鲜花插在牛粪上。"

此后你见过许多美丽的女子，也跟几个女孩谈过恋爱，奇怪的是，总没有人给你的印象胜过儿时的那些记忆。你理智上知道，这些女孩应该比前面三个都漂亮，可是你情感上却总觉得她们无法超越那三个美丽的"初恋"。

不过你在四十多岁的时候，却有过一次真正的惊艳。那时你在美国哥伦比亚大学读博士，一个周末，你正在空荡的东亚图书馆里那一排厚重典雅的书桌前伏案读书，突然听到一声熟悉的呼叫："唐翼明！"你抬起头来，发现正是你的导师夏志清先生，身边有一个女子。夏老师接着说："来，来，我来给你介绍一位台湾的美女。"你这才注意去看他身边的女人。你突然有种触电似的感觉，图书馆里的灯光本来是暗暗的，这时四周仿佛都亮了起来，那女人仿佛是一个亭亭玉立在蚌壳中央的希腊女神。那是一种奇怪的感觉，你从前没有过，后来也再没有。那种感觉令你无法正视女人的脸，你事后甚至相信你并没有看清楚那张异常美丽的脸。那女人三十左右，你只觉得她娴静典雅，别的都形容不出来。"她叫胡茵梦。"夏老师接着说。其实胡茵梦这个名字你早就听说过，但完全没有想到她会如此地震撼你。不久前你读到李敖的牛皮，说时下的一个明星"哪里比得上我的前妻胡茵梦漂亮"！有人不以为然，你倒觉得李敖这回说的还不算离谱。你在台北的时候，本来有许多机会认识胡茵梦，你的朋友中跟胡茵梦熟稔的颇有几位，但是不知道什么原因，你却从来没有想要再见胡茵梦。

如果要在你的记忆屏幕上再搜索几张美丽的面孔，那么有一张是在夏威夷遇到的。那应该不是一张纯种的欧美白种人的脸，你相信她很可能是个南美洲的女子，比方说巴西人，或者是专产美女的委内瑞拉的。你无法描述那个女子，你只能用"其美不可方物"这样的陈词滥

哥大东亚图书馆,你就是在这里见到胡茵梦。（一九九一年五月摄于哥大）

调来形容你的印象。她应该不是一位影星,只是一个普通的年轻女子,而且还牵着一个一岁左右的小孩。你忍不住称赞她的美丽,她也愉快地回答说:"谢谢你。"

　　说到影星,你最钟情的应该算凯瑟琳·泽塔琼斯(Catherine Ze-ta-Jones),尤其是她跟安东尼奥·班德拉斯合演《佐罗》(Zorro),以及跟《007》主角康纳利合演《将计就计》(Entrapment)的时候。你觉得这是全世界近二十年来最美丽的女性。可惜后来嫁给了道格拉斯,还生了两个孩子。唉,没想到鲜花又插到牛粪上去了。对不起,道格拉斯先生,别生气,你不是想说他特别丑,你只是觉得这样的女人,属于全世界,是不应该嫁人的。

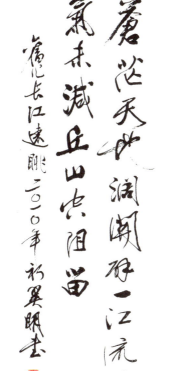

苍茫天地润潮群一江流百折

气乘灭丘山尖阻当

瞰长江速眺 二〇一〇年初夏 翼明书

初到美国时，吃不惯cheese，但三明治中每每有之，不吃也不行，只得捏着鼻子，皱着眉头往下吞，这时就想起《世说新语·排调》第十则记陆玩的故事，说：

> 陆太尉诣王丞相。王公食以酪。陆还，遂病。明日，与王笺云："昨食酪小过，通夜委顿。民虽吴人，几为伧鬼。"

我虽然没有狼狈到"通夜委顿"的地步，但对cheese的确没有好感，所以听说有中国人把cheese译为"气死"，就不禁心有戚戚，为之莞尔。但在美国一住十年，久而久之，竟然对cheese的看法渐渐改变，从讨厌到喜欢。尤其是犹太人做的cheese，有若干种颇中下怀，其中居然还有加辣椒的，大为我这个湘人所喜。有些高级的cheese配红酒食之，简直可以称为美味。今日居武汉，颇恨不易得此，思之快快。

在美国还习得另一种本事，就是吃生鱼片。第一次在友人怂恿下鼓勇举箸，然而中心惴惴，很像第一个吃螃蟹的人。不料后来越吃越有味，有一段时期竟然到了三日不吃面目可憎口中无味的地步。后来到台北任教，因为台湾曾经日人统治，故"sashimi"（生鱼片的日语读法）常常可以吃到。如今回到武汉来，就不那么容易了，只有到五星级饭店吃高级自助餐时才有此物，所以操起空盘，首先瞄准的第一个目标往往就是生鱼片摊。

人的味蕾大概在少年时代特别敏感、特别发达，小时候吃的东西每每终生不忘。所以人人都说家乡菜好吃，妈妈做的菜最好吃，其实大多数人的家乡并非美味之都，妈妈也不是五星级厨娘，所谓好吃，不过是儿时所培养起来的习惯而已。但以上我自己的经历却也足以证明人的口味并非"花岗岩的脑袋"，是可以"改造"的，是可以进行"再教育"的。不仅可以接受本国贫下中农的"再教育"，也可以接受西方资产阶级的"再教育"。

而我一生中在口味的改造上做得最为成功的一件事则是对于水饺的接受。我是个湖南人，从小以米饭为生，一顿不吃米饭就仿佛根本没吃饭似的，所以向来对北方人吃的水饺并无好感，也无兴趣。虽然吃了水饺还不至于委顿到"几为伧鬼"，但也绝无心生留恋、盼望再吃之意。然而"事物的发展往往不以人的主观意志为转移"，这种习惯居然在我赴美之后也渐渐改变。抵美初期，有两件事印象最为深刻，一是苦学英文，一是猛吃三明治（因为最便宜）。我曾经做了一副打油联寄给国内亲友，上联是"顿顿三明治"，下联是"天天ABC"，横批"不亦乐乎"。但三明治实在不能顿顿吃，尤其是夏天的中餐，因为三明治是早上自己做的（买不起），两块面包，中间抹点果酱、花生酱，夹两片"气死"，然后放进书包里，到了中午，就变得软乎乎的，真像一块狗屎。有一次我刚吃下去，就恶心得全吐出来了。幸而天无绝人之路，后来来了一个武汉的朋友，他只身闯美，举目无亲，是我去飞机场接的。此兄吃苦耐劳，头脑灵活，居然在纽约干起包水饺、卖水饺的营生，而我就是他的第一个顾客兼推销员。此后，我的冰箱里就常常有此兄做的水饺，或煮或煎，或自食或待客，都比三明治强得多了。最近在武汉一个朋友的聚会上，我又遇到这位二十多年不见的仁兄，相见甚欢，聊起水饺往事，竟像同在一个战壕打过仗的战友一般，也可算是一段佳话吧。

我的水饺生涯从美国开始，居然延伸到台湾。因为我在台湾基本上也是只身独住，而"豪宅"又偏偏位于郊区的外双溪山上，半小时车程之内没有食物可买，我懒惰成性，不耐烹煮，于是就常常买一堆水饺，重施在美国习得的故伎。十几年下来，居然嗜痂成癖，食之不厌——也不敢厌，盖"不可一日无此君"也。

原以为退休回武汉之后，我的水饺生涯应当可以告一段落了吧，不料天将降大任于斯人也，必须天天食之以水饺——仿佛我在大陆还有些大事要做似的。所以一年多来，有一半的时间仍然以水饺果腹。令人欣慰的是，武汉的水饺居然做得比台北还好，"湾仔"、"思念"，越吃越念。看来，这一辈子跟水饺是结了不解之缘了。如果有人问我：你这一辈子有没有一个持久的恋人？我会不假思索地答曰："水饺。"走笔至此，忽得俚诗四句，聊附文末，以纪念我的水饺之恋：

天将大任降斯人，

必餍水饺乃通神。

命定生涯何敢怨？

应知是处有饥民。

一个进不了天国的基督徒

你的父母都是虔诚的基督教徒，你在台湾的妹妹也是。他们都一直努力想要把你也变成一个基督徒，将来能够到天国享受那永恒的幸福与快乐。你也的的确确做过若干次努力，但遗憾的是，你至今还不能算是一个真正的基督徒，虽然你也受了洗。将来会不会？看来希望不大。

你当年从大陆到香港，你母亲在香港等你，见面不久她就开始向你"传福音"。一周后到了美国的洛杉矶，寄居在表哥家里，那是一九八一年的三月，可洛杉矶一点都不冷。你跟母亲坐在表哥的花园里，在如茵的草地上，在和煦的阳光下，你们母子整天整天地长谈，主要是你讲述从一九四九年初跟父母分开以后这三十二年间的经历。你虽然已经三十九岁，但还是像个孩子一样，在母亲的面前倾诉你郁积了三十多年的痛苦与思念。一丝一缕，一点一滴，想把那阴暗、肮脏、血腥、酸苦，从胸膛里扯出来，在母亲的面前洗净。你母亲静静地听着，时不时插一些问话，有时母子俩相

你母亲五十岁时。（一九五八年摄于纽约）

对流泪。但是到最后你母亲总是说,这一切都是神的安排,神自有他的美意,我们要相信神,你看这一切不都过去了吗?我们不是又团聚在一起了吗?我跟你爸爸从前也都经历过绝望痛苦,自从信了神,我们就把一切的重担都交给神,我们现在过得很快乐。妈妈最大的希望,就是希望你也成为一个虔诚的基督徒。你似懂非懂地看着你的母亲,你觉得你的母亲的确没有你所想象的那么痛苦,尤其是她对生活的那种笃定的态度,让你觉得不可思议。你知道你的母亲很爱你,她说的话一定是她内心真实的感觉,所以在你母亲一再的启发开导之下,你终于接受了你母亲的建议,愿意受洗,成为一个基督徒,而且你觉得这是你孝顺母亲的最好方式,你不能违逆她的意思。

在同母亲与亲友听了几次布道之后,终于在一个礼拜天,你接受了洗礼。你还记得那仪式大体上是这样:有信徒抬来一只大盆放在教堂布道桌前边,里面注满了水,然后给你套上一件大的塑料外套,有四个弟兄把你抬进水里,然后再由牧师在你的头上淋了一些水。这样你的过去和罪孽就都被洗干净了。然后那四个弟兄再把你从水里抬出来,于是你也就成了一个新人,从此被神接纳,变成了神的子民。从此,你跟教内的男人,不论长幼,不论辈分,皆称弟兄,而跟教内的女人,皆称姐妹。这以后你再参加教堂的礼拜时,也就可以喝弟兄姐妹们传过来的红酒,据说那是耶稣的血。你也就可以跟弟兄姐妹们分食薄饼,据说那是耶稣的躯体。你喝了耶稣的血,吃了耶稣的躯体,你也就有了神性。当然你也从此有了义务,那就是每次做礼拜的时候你要贡献钱给教会,会有值班的弟兄或姐妹拿着一个布袋走到你面前,你就把钱放在里面(不论多少,那是不公开的)。此外,作为一个虔诚的基督徒,还应该把你收入的十分之一都贡献给教会。这一点你的父母都是恪遵的,你记得有一次碰巧教会的负责人送收条到你家里来,你替父母收下，一共二十几万新台币，那的的确确是你父母当年薪水的十分之一。

你在洛杉矶受洗之后，跟着母亲和表哥表姐以及其他的亲友，每个礼拜天都去教堂做礼拜。但奇怪的是，你无论如何都没办法说服自己真正相信基督教。不仅在理智上，你无法相信有一个控管人间一切吉凶祸福的人格神存在，也无法理解《圣经》上所说的那些教义。而其中最不能令你接受的，竟然是那做礼拜的方式。每次进了教堂，大家坐定之后，牧师或者什么负责人就领着大家一起唱圣歌，读《圣经》。一次聚会往往会有一段圣经是聚会的主题，诗歌唱完之后，由一个牧师领着大家大声诵读一遍，接着就有几个信徒被安排到台上轮流发言，都是用自己的亲身体验，或者发生在自己和亲友身上的故事，来说明这段圣经如何正确，如何伟大，如何不可思议。再接下去，就是信徒们自由发言，也是先念一段圣经，接着讲自己的体验，然后又是唱圣诗，呼口号，例如"神啊，我爱你"、"神啊，你真是英明"、"我们天上的父啊，你是如此地爱我们"、"一人得救，全家得救"、"我们都是你拣选的子民"，如此等等，还夹杂着一声一声的"阿门"。你突然觉得自己又回到了"文化大革命"中的中国，回到毛泽东思想学习班，回到了毛泽东思想活学活用会。你记起你们如何朗读最高指示，如何斗私批修，如何用自己的故事或别人的故事来证明伟大领袖的教导如何正确。你记起了你们如何唱语录歌，如何呼口号，如何大家千篇一律地讲着同样的颂词。你的头开始晕起来，然后连心都开始痛起来，你简直要抱着脑袋冲出教堂。难不成你转了大半个地球又回到原地了？到底是基督教抄袭了中国的"文革"？还是中国的"文革"抄袭了基督教？对刚刚从"文革"梦魇中逃出来的你，这种礼拜简直是一种酷刑，令你坐立难安。可你又不能向你母亲说明，她是听不懂的。

所幸你的母亲只在洛杉矶待了一个月，你母亲走了之后，你第二天便从表哥家里搬了出来,另租了一间房子,从此你也就免除了去教堂受洋罪。半年之后你到了纽约,一头栽进哥伦比亚大学的书堆里,再也用不着去教堂了。十年之后你回到台湾,开头两年还跟父母住在一起,时不时地还是陪他们上教堂做礼拜,但其实你只是去尽孝道,不想令你父母难过而已。牧师们在台上口沫横飞,言之谆谆,你则在下面听之渺渺,有时竟然鼾声大作,使得你妹妹不得不用胳膊把你撞醒。两年后你搬出去到外双溪独住,虽然外双溪的教会受你父母之托来找过你好几次,你都耍了滑头,借故推掉了。

几年前你第二次得了忧郁症,在苦海里挣扎了将近两年。你的妹妹又带你去教堂,你也盼望真的有一个神能把你从苦海里拯救出来。可是大概因为你始终不太诚心,所以每次都没有看到什么效果。有一个牧师甚至单独为你开课,你听了两次还是逃走了。又有一群弟兄姐妹轮流在他们家里聚会,每次都诚诚恳恳地来邀你赴会,甚至专门开了车来接你。你也深深地被他们的善良感动,可是你还是冥顽不灵,老是入不了法门,去了几次,最后还是借故婉拒了。你深深觉得对不起他们,但你实在提不起兴致,跟他们一起玩那种天真的游戏。

现在落叶归根,回到伟大的祖国,忧郁症也好了,也再没有教会弟兄姐妹们来关心你。看来,你是永远进不了天堂了。阿门!

你的父亲和母亲。（一九五八年摄于纽约）

没有我不肯乘的飞机

我第一次乘飞机是一九八一年三月十四日，我刚满三十九岁不久，按中国人的说法就算四十了。真所谓大器晚成，这一飞就飞了半个地球，从香港经日本飞到美国的洛杉矶。母亲后来提到此事，总喜欢笑着说："明儿不飞则已，一飞冲天。"算一算这已经是二十八年前的事了。许多细节已经模糊，但那"大姑娘坐轿"的新鲜感觉则始终记忆如新。穿行于云海之上，翱翔乎金光之中，直觉身出尘寰，人在仙境。半年后又从洛杉矶飞到纽约，抵达时间是晚上，飞机盘旋在纽约的上空，看到底下是一座巨大神奇到无可比拟的珠宝山，完全无法相信人的力量如何可以造出如此宏伟的奇观，一时惊呆，只可借用佛曰"不可说，不可说"来形容自己当时的感受。我想，假定我命中注定只能活到四十岁，也要死在到达纽约之后，如果死在到达纽约之前，就未免太遗憾了。

此后，凡是遇到飞机可以把我带到一个陌生地方的机会，我都不会放过。究竟到过多少地方,我也记不清,粗略算一下,四十个国家一百个城市,应该只多不少吧。有时候一年坐十几趟飞机也是常有的。每到一个地方,就在我的生命中展开一片新的世界,永远不会感到厌倦。我很小的时候,还在乡下念小学,就有两个很奇怪的梦想,一个是要受到这个世界上最高等的教育,一个是要遍游这个世界最美丽的地方。一个穷乡僻壤的小孩,居然有这样的奢望应该是很奇怪的。但这确实是我儿时两个持久的dream。以后生活的风浪把我打得晕头转向,满身伤痕,连活着都是问题,以为这两个梦是永远没有实现的一天了。不料今日居然幻梦成真,命运实在待我不薄,一切过去的挫折苦难都无须计较了。

一百年前,美国女诗人米勒曾经写下这样的诗句:"没有我不肯坐的火车,也不管它往哪儿开。"我的忘年交、老诗人曾卓常常跟我们这些年轻的朋友提到这句诗,我永远忘不了他朗诵这首诗时那一脸热切的期待和遗憾的迷茫。二〇〇一年九月,他病重的时候,我特地从台北赶来看他,他那时已经是癌症晚期,每天靠注射吗啡止痛。两天后我再去看他,他递给我一张纸,上面是他用颤抖的手写的一首诗,那题目正是《没有我不肯坐的火车》。我读着读着,眼泪忍不住流了下来,啊,一个如此热爱生命的生命,就要与生命告别了,他已经不能再坐着他心爱的火车去探索那神奇的远方了。曾卓比我整整大二十岁,但是我们之间一点代沟都没有。我们相交三十年,他是我一生中最喜欢、最契合、也最钦佩的少数几个亦师亦友的朋友之一。对人的热爱,对生命的热爱,对生活的热爱,对一切新鲜事物的好奇,是我们两人之间最大的共同点。我想把他这首在生命的最后时刻送我的诗,也是他的绝笔之作抄在下面——虽然没有征得他的同意,但我想他会高兴的——以表达我对他深切的怀念,同时也转赠给我所热爱的年轻的朋友们:

在病中多少次梦想着

坐着火车去作长途旅行

一如少年时喜爱的那句诗

"没有我不肯坐的火车

也不管它往哪儿开"

也不管它往哪儿开

到我去过的地方

去寻找温暖和记忆

到我没有去过的地方

去寻找惊异、智慧和梦想

也不管它往哪儿开

当我少年的时候

就将汽笛长鸣当做亲切的呼唤

飞驰的列车

永远带给我激励和渴望

此刻在病床上

口中常常念着

"没有我不肯坐的火车"

耳中飞轮在轰响

脸上满是热泪

起伏的心潮应和着列车的震荡……

人生的马车有两根缰绳

　　我年轻的时候常常对一些比我更年轻的朋友讲："人生像一辆马车，这马车有两根缰绳，一根捏在上帝的手里，一根捏在你自己的手里。上帝捏的那一根我们无能为力，但是自己手里的这一根要紧紧地捏好，你的人生如何，将大部分取决于你手中的这根缰绳捏得如何。"我不是有神论者，我说的上帝是一切我们不可操控的力量的总和。

　　离开大陆近三十年，而今落叶归根，最令我欣慰的是老朋友们全都平安，且都各有成就，大家见了面，居然都还记得我曾经说过的这句话，认为在他们的人生道路上这句话多少有些激励的作用。

　　我的看法至今没有变，我还想把这句话送给更多更年轻的朋友，希望他们在人生的旅途上牢牢抓好自己手中的缰绳。但在我自己的内心深处，这句话的含义其实是有些变化的，主旨没有变，但比重有调整。年轻的时候觉得自己手中的这根强而有力，上帝手中的那根我知道它存在，却不肯多想。随着年龄增长慢慢明白,其实上帝手中的那根是更加强而有力的,相形之下手中的这根则越来越觉得它的力量有限,何况能不能捏好也并不完全取决于自己的意志。

人生最重要的许多方面在我们出生的时候,就已经被决定了,我们对此是没有选择余地的。比如你出生在什么样的时代,是你可以选择的吗?你出生在什么样的国度和地方,是你可以选择的吗?你出生在什么样的家庭,有什么样的父母和兄弟姐妹,又是你能够选择的吗?而这些对于一个人的命运无疑都至关重要。还有,你生下来体质如何,强还是弱?你的DNA里面有没有包含癌症、高血压、糖尿病、精神病等基因,你可以决定吗?你生下来智力如何?智商多高?情商多高?偏于形象思维还是逻辑思维……你可以决定吗?而这些对于一个人的一生有多大的影响,显然不待多言。至于我们活在世上的日子,那不可控的事件也几乎无日无之,大至战争,小至车祸,都非我们个人的意志所可避免,而这些对于一个人的命运又有多大的影响,自然也不待多言。所以我从前说人生的马车有两根缰绳,现在我还是说人生的马车有两根缰绳,但是我心里明白,这两根缰绳力量的比重在我内心深处是逐渐在变化的。少年气盛,得意时几乎不可一世,觉得天下无不可为之事,现在才明白那是太狂妄了,太高估了自己。如果年轻的时候觉得三分天意七分人,那么现在我则想修正为三分人事七分天。孔子说"五十而知天命",看来他老人家也是在五十以后才看清这个问题的。

骤听起来,以上的话有些消极,不足以用来鼓励后生,作为一个终生从事教育的人,至少要更多地强调后天的努力。我当然明白这层意思,儒家当中荀子一派就是特别提倡这种精神的,荀子说:"人性恶,其善者伪也。"就是强调后天教育与学习的重要,所以"人定胜天"的思想也由荀子首先提出,正是顺理成章的事。但是,在这一点上我还是最钦佩孔子的周延。孔子一方面提倡"学而不倦",他说人要效法河水,"不舍昼夜"地前行,强调主观努力的重要,但是他也同时告诫我们,要"畏天命",并且说"不知命,无以为君子也",就是说,上帝手中的那根缰绳是强而有力的,是可畏的,明乎此才能做一个君子。

说清这一点其实并不消极,反倒有许多积极的意义。在你人生遇到低潮的时候,在你经过尽力拼搏,而仍然不遇,仍然失意,仍然没有成功的时候,你不会过于自责,而明白你只是终于拗不过上帝手中的那根缰绳而已。"岂能尽如人意,但求无愧我心",你仍然可以心平气和地生活下去。当你春风得意、功成名就的时候,你不会误以为你的成功全是来自于自己的聪明才智和努力奋斗,而"贪天之功以为己有",你会常存感恩之心,感谢命运的垂青和玉成。这样你也就不会因成功而骄矜,而狂妄,而自以为无所不能,而得意忘形,而忘记平等地对待他人,而忘记以哀悯之心,同情那些竞争中的弱者、失败者。

我说上帝手中的那根缰绳更加强而有力,请不要误会我要你放松你自己手中的那根缰绳,毕竟我们所能捏住的只是这一根,我们得好好地捏住,以配合上帝手中的那一根。当上帝给你机遇的时候,你要能够抓住这个机遇,否则机遇就跑掉了。上帝总是把机遇留给那些随时准备好的人。

尽人事以待天命吧。Always get ready!

人是一只蜘蛛

人是有思想的动物，所以老是会追问生命的意义：人活着是为了什么？人生的意义在哪里？这是个一直困扰人类，又一直没有得到满意答案的问题。无数的先圣往哲都严肃地思考过这个问题，也试图给出答案，但似乎并没有一种答案真正彻底地解决疑难，让所有的人都满意，所以直到今天人们还是会为这个问题所困扰。其实大多数人在大多数时候，都把这个难解的问题悬置起来，尽量少去碰它。但是人生一遇到挫折苦难，尤其是面临生死存亡的境地，这个悬置的问题就会不招而至，苦苦地缠着你。性格执着、不肯马虎，而又实在找不到答案的人，最后便只好走上绝路，以自杀了结。人之自杀多半并非因为衣食不继，而往往是精神上无望，不知道活下去到底有什么意义。这个世界上只有人会自杀，猫不会，狗不会，其他动物也不会（动物界据说也有类似自杀的行为，像鲸鱼成群冲向沙滩而死，但这多半可能还是另有他因，至少我们尚无法断定这是自杀）。因为动物不会思想，不会像人那样去追寻生命的意义。

　　人生真的有意义吗？我的答案是：没有。生命偶然地降生到这个世界上来，本来并没有什么意义。再问：人生没有意义能够活得下去吗？我的答案是：活不下去，至少活得不好、不愉快。一个完全没有意义的生命不值得活下去。人生既没有意义，而人又需要意义才能生活得好，这样一个矛盾如何解决？我的答案是：你看到过蜘蛛吗？蜘蛛必须把自己悬挂在网上才能活得好，但是空中本没有网，怎么办？蜘蛛自己吐出丝来结张网，然后把自己挂在网上。人就是蜘蛛。人生本没有意义，人替自己编造一个意义之网，或说价值之网，然后把自己挂在这个网上，才得以心安理得地生活下去，一旦这个网破了，人就得再编一个网，死而后已。正像许地山的小说《缀网劳蛛》当中的主人公尚洁一样。

　　人就是蜘蛛，但人还不如蜘蛛。因为每个蜘蛛都有能力吐丝结网，把自己挂在网上，而人却不是每个人都具备吐丝结网的能力。结果许多人一辈子都没有网可挂，或者只有一张破烂的网勉强地挂，于是生命便很痛苦，很迷惘，严重的便会厌世，会轻生。如果再问：世上有没有现成的网可以挂呢？答案是：有的，世上有种种的现成的网可以挂。古往今来，种种的宗教，信仰，成系统的人生哲学，便都是这样的网。我们常说人必须有个信仰，其实就是说我们既不能自己吐丝结网，或者靠自己吐丝结不成一个较为完整的网，那我们就必须找一个现成的网来把自己挂上。我们得感谢往圣先贤，孔子，老子，释迦牟尼，苏格拉底，耶稣基督，穆罕默德……他们都是为人类织网的人。前人有句话说：“天不生仲尼，万古长如夜。”我年轻时不大懂这句话的意思，以为说得太夸张，后来才明白这话其实很实在。孔子是第一个为中国人编织一张较为完整的意义与价值之网的人，当然后来又有许多杰出的人物把这个网加大、加宽、加密。没有这样一个网，中国人就免不了一生在黑暗中摸索,在虚空中飘荡;有了这样一个网,我们就免去了许多摸索与飘荡之苦。

当然我们也可以不挂孔子这张网,而挂释迦牟尼的网,挂苏格拉底的网,挂耶稣基督的网,挂穆罕默德的网,甚或自己编织的网（如果你吐丝的能力足够的话）,都无不可。但总得有一个网,有网比没网好,完整的网比破烂的网好。不过,我们也得明白,这个世界上并没有一张现成的、十全十美的网,虽然许多蜘蛛都宣称,它所挂的网是十全十美的。

我自己是一只奇怪的蜘蛛,我尊重每一张现成的、相对完整的网,但又不相信任何一张网是唯一的、绝对完美的网。我宁愿把每张网上我最喜欢的部分都取一些,我自己也吐点丝,缀成一张我自己高兴的网,然后在那上面随兴游走。

人都希望活长一点，古今皆然。活得好的人固然希望长生不老，恨不得把人间的荣华富贵永远地延续下去；就是活得很差的人，也不想短命，理由是"蝼蚁尚且偷生"、"好死不如赖活着"。

活得好，就想活得长，这好理解。活得坏还想活下去，我想是因为对未来抱着希望，要饭的朱元璋，钻裤裆的韩信，相信自己不会一辈子要饭，一辈子钻裤裆，所以要活下去，才有当皇帝、当大将的可能。如果一个人确信自己一辈子只是一个"蝼蚁"，确信一辈子只能"赖活着"，恐怕想法就不一样了。

近二十年来，中国人生活好了一些，求长寿之风似乎也盛了起来，不再"一不怕苦，二不怕死"，书店里凡跟长寿有关的书都卖得特别好，这当然是好事。但是，我总觉得人把太多的心思和精力花在追求长寿的问题上，并不明智。我不反对延长寿命，但是我觉得有两个前提必须先弄清楚：

第一，延长寿命是可能的吗？第二，延长

寿命是有益的吗？

　　似乎没有人怀疑过这两个问题，但是我个人却深表怀疑。先说第一个，自古求长生，只有失败的例子，没有成功的例子。真正长寿的人，包括吉尼斯纪录上记载的，恐怕大多得之于偶然，并非刻意求之者。在长寿问题上，"求仁而得仁"并不容易，绝非"我欲仁，斯仁至矣"那么简单，何况即使真的是求仁得仁，又如何去证明呢？比方说，我活到九十五岁，怎样去证明我是因为想活到九十五岁，并努力争取活到九十五岁，因而活到九十五岁的呢？同样无法反证，如果我不孜孜以求地力争活到九十五岁，那我就真的活不到九十五岁了吗？所以，长寿是否可求，至少是一个无法证明的问题。嵇康在《养生论》里说，生可以养，寿可以延，但说来说去也无非只是打些比方，并无确证。事实上，这个问题恐怕永远是一个悬案。

　　第二，即使能延寿，延了寿就真的很好吗？比不延寿更快乐吗？更有成就吗？这问题同样的悬，这只要看看古今做出大成就大事业的往往并非长寿之人，即可知矣。而长寿之人，同时又大有成就者反而不多。活长一点是不是更快乐？那就更没有把握了。而适得其反的例子倒还不少。远的不说，比方说近代的周氏兄弟，两人在五四时期都名噪一时，号称"双子星座"。鲁迅五十五岁就死了，国人敬仰至今。周作人如果与乃兄同时死去，名声虽不及乃兄，但也不至于差很远，不幸而活到八十四岁，则不仅背上了汉奸的臭名，解放后还一再受批，终于在"文革"中凄惨死去。他自己生前感叹"寿则多辱"，想来对此已深有感慨（那时他还不知道死的时候会更惨）。可见，即使能延寿，也未必是件好事。

　　人生最大的神秘莫过于寿命，我活到九十五岁便是九十五岁，无人能够证明我本来应该活到一百岁，因为不努力，所以只活到九十五岁；或者我本该只活到九十岁，因为努力而活到了九十五岁。在我看来，到底能活多长，根本不必劳神去多想。故意斫丧自己的生命当然不可取，但战战兢兢、苦心孤诣以求多活个三五年，也类似水中捞月，十之八九是什么也捞不到，即使捞到点什么，也不过是几只虾子，甚至一个癞蛤蟆，可以肯定不会是美丽的月亮。

寿命是否前定，即前人说的"生死有命"，这事我们无法证明，却也不应匆忙否定。现代医学已经显示，一个人一辈子可能生的大病大多已经由基因所决定，由此推去，那么一个人生命的长短恐怕大抵上也是由基因决定的。那么，这与古人说的生死有命，又有多大差别？达人知命，故置生死于度外，陶渊明说："纵浪大化中，不喜亦不惧。应尽便须尽，无复独多虑。"钱钟书《老至》诗云："徙影留痕两渺漫，如期老至岂相宽？迷离睡醒犹馀梦，料峭春回未减寒。耐可避人行别径，不成轻命倚危栏。坐知来日无多子，肯向王乔乞一丸？"我在生死问题上的态度跟陶、钱差不多，即顺其自然，不去多虑，既不"轻命"，也不"乞"求延寿。

古人说："及时当勉励，岁月不待人。"又说："昼短苦夜长，何不秉烛游？""及时"就是抓住现在，抓住现在远比寄望将来重要，与其白耗心力去追求毫无把握的延年益寿，何不多花点心思和力气去努力提高生命的质量、增加生命的密度？多做点事，也多追求点幸福与快乐？

长生而可求也，虽执鞭之士，吾亦为之；如不可求，从吾所好！

人生不可规划

我在台湾的时候,常常听到一个说法,叫"人生规划"或"生涯规划",现在大陆似乎也开始流行了。老实说,我是不赞成这个说法的。我们可以规划许多东西,大至一个国家的建设,小至一个家庭的油盐柴米,但唯独人生(或生涯,在我们现在所谈的这个话题中,人生跟生涯这两个词的意思差不多)不可规划。

我知道我这样说,是不会有多少人点头称是的,尤其是年轻的朋友们,在他们口中,"人生规划"(或"生涯规划")正时髦着呢。尤其是上进心强、自信心强、经历也颇顺利的人,他们正踩在人生的起跑线上,正忙着作人生的规划呢。这些规划当然形形色色,因人而异,比方说,想当官的,就规划着三十岁一定要升到副处级,三十五岁正处级,四十岁副局级或局级,如此等等。想做生意的,就规划着二十五岁以前一定要赚到第一个十万,三十岁一百万,四十岁一千万,如此等等。

我想给这些朋友泼一瓢冷水:想想可以,别太认真。我的经验告诉我,你这些规划大抵上都不会如期实现,你的人生,绝对不会按照你的规划来进行。如果真能按照你的规划一一实现了,那只能说是一种奇怪的巧合,大概跟被雷打中的几率差不多。这道理很简单,因为你不是上帝,而你的人生,却是由上帝决定的,你现在居然想代替上帝来规划你的人生,在上帝的眼里,你实在是太狂妄、太可笑、太幼稚了。除非上帝一时童心大发,想逗着你玩,才会让你实现了你的人生规划(多半也只是在一小段的时间里,因为上帝没有工夫陪你一直玩下去)。所以我说,那几率就同被雷击中差不多。

我回顾自己的前半生,几乎没有什么重要的事情是我自己规划的。我出生在一个还算不错的家庭,父亲是做官的(当然是国民党的官),母亲是小学校长(别忘记那年代一个女子当小学校长还不简单)。哪里想得到,我七岁以后就到了乡下去砍柴放牛了,只差一点没当乞丐。我放牛时躺在草地上,常常想,哪一天我能够每年赚到三十六块人民币,就很美满了。为什么是三十六块呢?因为当时大米是一毛钱一斤,三十六块就可以买到三百六十斤大米,我每天就可以有一斤大米吃(现在的青年会觉得我的食量未免太大,但你去问问你爷爷奶奶,如果他们是乡下长大的,就知道这其实是普通的食量),这样我就不会饿死了。哪里想得到,几年之后,我居然奇迹似的得到一个上初中的机会,三年之后又到了武汉念高中。我读书好像很轻松,印象中凡有考试、比赛很少有落到第三名的,于是也就颇自信,有点意气风发,考大学的时候觉得任何大学任何系都不在话下,简直如探囊取物。可哪里料得到,高考居然名落孙山(我倒是考了全省第二名,但上帝不让我读大学,我也没办法)。于是,一个高中毕业生,年方弱冠,就教起初中来了。这是我从来没规划过的事,心里自然闷闷不乐。然而更倒霉的事情还在后面呢。"文革"爆发,五年之中,我居然二当反革命,三进牛棚,差一点把命都送了。那时候想,完了,这一下可真是永世不得翻身了。哪里料得到"文革"居然结束,邓小平居然复出,国策居然大变,我居然以第一名的成绩考进了武汉大学当研究生。更料不到的是三年之后,我居然又进了美国哥伦比亚大学。在踏进哥大校门的那一刻,我实在是百感交集(请你从字面意义上、原始意义上,去理解"百感交集"这四个字)。这下时来运转了吧,前途无比光明了吧,但是我想告诉你,各种各样巨大的压力,让我在美国的头两年过得比"文革"还痛苦。我得了忧郁症,差一点想放弃一切。不过我撑过来了。八年苦战之后拿到博士,后来又去台湾当教授,做了十八年,如今退休又回到武汉。我想告诉你,所有这些我都没有事先规划。

所以,我过去的六十多年的生命经验告诉我,人生是无从规划的,我的人生并不是我所规划的结果。我也曾经规划过,但所有规划都是白搭。孔子说:"五十而知天命。"我想,孔子大约在五十岁以前,也做过若干生涯规划,到五十岁终于明白,人生其实不可规划。生命是一条大河,千回百折,它当然有自己的轨道,但在还没有形成河流之前,谁也不知道它会有怎样的轨道。

我还想说,规划人生,不仅不可能,也没有意义。我们为什么要去规划它呢?生命之奇妙不正在于它的不可预测吗?如果你真正把人生规划好了,然后人生也真正按你的规划一步一步地实现了,那岂不是太boring了吗?所以我从来不算命,不仅因为我不相信算命,也因为我并不想知道我以后的命运会怎样,我宁可让她蒙上一层神秘的面纱。唯其神秘,所以美丽,如果预先都知道了,我反而会觉得很无聊。

最后,我想提醒所有看到这篇文章的朋友,别误会我是个有神论者或宿命论者,其实我不是。我说的"上帝",只是一切我们自己无法掌控的力量的总和,如此而已。

人生不可不立志

我说过，人生不可规划，但我希望朋友们不要误会，以为人生既不可规划，那就该听天由命，随波逐流。我以为，人生虽不可规划，但是人生一定要有方向，这方向就是我们平常讲的志向。

规划是具体的，方向则是比较抽象的，两者并非一事。如果用我们国家的流行术语来说，那么志向是路线方针的问题，规划则类似于具体计划和指标。"志"字，上半部是"之"字（篆文"之"楷化以后便成"士"）下面是"心"字，《说文解字》说：志字，"从心，之声。" 是个形声字，其实它也是个会意字，"心"之所"之"（这个"之"是动词，意思是"往"）即是"志"。所以《说文解字》又说，志者"意也"，就是说，"志"就是一个人的意向，所以志并不是具体的目标，而是人内心所向往的方向，简而言之也就是人生的方向。人生不能预定具体的指标，却不能没有方向。

孔子非常重视立志，他说自己"吾十有五而志于学"，"志于学"，可见不是什么具体的目标,而是方向。他又说:"三军可夺帅也,匹夫不可夺志也。"这不可"夺"的"志",显然也不是什么具体的计划跟指标,否则,把一个人的脑袋砍掉,所有他的计划和指标不都被摧毁了吗?怎么说不可"夺"呢?孔子又常常喜欢跟学生们讨论志向,有一次他自述自己的志向是:"老者安之,朋友信之,少者怀之。"可见这也跟人生规划是两码事。

人不可能规划自己的人生,因为那是上帝的事,而我们不是上帝。但人却可以、而且必须为自己的人生立定方向,这方向如果坚定的话,就是上帝都夺不走的。所谓"杀身成仁"、"舍生取义",这"仁"和"义"就是志的问题。你可以杀了我,但是成仁取义之"志"却是杀不死的。也正因为志不可夺,所以古今中外才会有许多烈士。

人生不可规划,但人生必须立志。立定了志向就是有了主心骨,就不会懵懵懂懂,就不会东倒西歪,于是人生也就有了意义,有了价值。虽然这意义与价值都是我们自己赋予的,但于人生却是非常重要的。一个没有志向的人,也就不知道生命的意义与价值究竟在哪里,活着也就是活着而已。他没有什么原则需要坚持,也没有什么方向需要遵循,人东则东,人西则西,随波逐流,浑浑噩噩,他对生活没有什么探求,也没有什么反思。西方的哲人说:"没有反思的生活是不值得过的。"孔子说:"噫!斗筲之人何足算也!"没有志向的人,也就是孔子说的"斗筲之人"。

所以立志是人生的头等大事,无志则无灵魂。一个志向坚定的人,无论遭受到什么样的横逆和挫折,他的精神永远不倒。只要机遇一来,他总会成就一番事业(这事业不一定多么轰轰烈烈,不一定名震遐迩),这番事业也许跟他原来的设想(所谓规划)完全不一样,但一定有所成就,即成就了他的自我。这样的人不一定是历史上的庞然大物,但却是一个堂堂正正的人。对一个年轻人,立志有格外的意义,"少有大志"者,多半都有所成就,至少是一个生活得精彩的人。从小无志而居然成就了一番大事业的人,好像从古到今,未之曾闻。俗话说"三岁看八十",并不是无稽之谈。

规划是具体的,志向则是比较抽象的。正因为具体,所以容易改变,容易被摧毁,所以不可靠;正因为抽象,所以顽强,所以难夺,所以能持久。一时不遇,尚有他时可待;一事不成,尚有他事可做;太公八十遇文王,一息尚存,此志不灭,终有所成。这就像巨石底下的小笋,弯弯曲曲,东钻西钻,它总是会找到一个缝隙,顽强地伸出头来,抽枝吐叶,长成一棵劲竹。

总之,我要说的是,人生虽不可规划,但人生却不可不立志,"有志不获骋"(陶渊明诗),"赍志而没",则是人生最遗憾最可悲的事,"出师未捷身先死,长使英雄泪满巾"(杜甫吊诸葛亮诗)!勉之哉,慎之哉,我的年轻的朋友们。

论朋友

儒家讲人和人的关系,有所谓五伦,即君臣、父子、兄弟、夫妇、朋友❶,现代社会的人际关系大约也还是这五种,只是君臣关系似乎已经不存在,但今天的上下级的关系,老板跟雇员的关系,领导跟群众的关系,大体上也还是古代君臣关系的一种演化,当然内容已经有了很大的不同。

一个人生活在社会中,也就是生活在人和人的网络之中,处理好五伦的关系,是人生快乐的必要条件,生活中的不愉快,甚至悲剧,常常是来源于这五伦的关系处理不好。五伦的次序是旧时的排法,自有旧时的道理,今天应当怎么排,似乎可以重新斟酌,我个人最看重的倒是最末的一种,即朋友关系。这不一定能得到大家的认同,我也没有想要求大家认同的意思。或许五伦的重要性对于每个人

❶ 五伦之说原出于《中庸》:"天下之达道五,曰:君臣也,父子也,夫妇也,昆弟也,朋友之交也。五者,天下之达道也。"又《孟子·滕文公章句上》:"圣人有忧之,使契为司徒,教以人伦,父子有亲,君臣有义,夫妇有别,长幼有叙,朋友有信。"

都不一样,有人认为处理好上下级关系最重要,有人认为处理好同父母的关系最重要,有人认为处理好同配偶的关系最重要,也有人认为处理好同兄弟姐妹的关系最重要,各人有各人的处境和情况,本来无须一律,所以我说的仅仅是我个人的看法。

何以我最看重朋友关系呢?因为我觉得五伦之中只有朋友是完全凭我个人的意志和好恶挑选的,而且也可以凭我个人的意志和好恶随时调整与终止这种关系。而其他几伦则非如此,例如上下级关系,碰到什么样的上司和下属,并非全由自己决定,关系不好,也不见得想摆脱就能摆脱。可恶的上司得忍受,无论是忍气吞声,或曲意逢迎,都是很窝囊的事,辞职不干又有饭碗问题。碰到讨厌的下属也不是你想赶走就能赶走,尤其是公家机关,那下属说不定还颇有来头,随便得罪不得。又如父子关系,有怎样的父亲,固然不能选择,有怎样的儿子,也绝非求仁得仁。父子关系如何,很大一部分靠运气,关系好当然是福气,可如今父子之交淡如水的也颇不罕见,尤其是儿女成家之后。夫妇关系,过去也是没有选择自由的,现在倒是可以自由挑选了,可挑选时走了眼的也比比皆是,结果倒成了怨偶。要想离婚可不如结婚那么容易,财产、儿女、亲戚、朋友,剪不断理还乱,叫人骑虎难下进退维谷。兄弟姐妹关系就更不必说了,从前说同气连枝,而今天的社会再不是几代同堂,兄弟姐妹一旦成家则各奔前程,住得近的过年过节还可以来往一下,住得远的能通个电话也就算不错了。

朋友则不同,跟什么人交朋友,交情深浅,往来疏密,或断或续,皆可操之在我。气味相投,则倾盖若故,常常比疏远的父子兄弟关系更为密切。而且朋友的结识往往是在为一个理想或一桩事业奋斗之中而相知相惜,因而不仅志趣相合,也常常利害相关,挫折时相勉励,困窘中相扶持,成功时则痛饮黄龙。而万一发现所交非人,可以立即断交,不必办任何手续。人生之成功常常得益于有几个或一群好朋友，人生之快乐也常常来自于一两个知己或一群好友。少年时代和青年时代交的朋友，古人所谓"总角之交"、"布衣之交"，大家都尚未发迹，所交在意气，与利害无关，更值得珍惜。

与朋友相交最重要的一条原则是讲信用，孔子说"与朋友交言而有信"，孔子的弟子曾子说他每天都要反省自己，其中一条就是"与朋友交而不信乎？"一个不讲信用的人，是交不到朋友的，因为没有人愿意跟这样的人交朋友。"信近于义"，一个讲信用的人必然是一个有原则、讲义气的人，是一个可以信赖的人。这样的朋友是危难时的支柱，是人生的财富。

好朋友不必性格相同，不必才能相同，不必职业相同，不必社会地位相同，更不必年龄、性别相同，但必须气味相投，其中最重要的就是对人生的价值取向大体一致，而且相互理解，相互欣赏。其中各方面都契合的也就是所谓知己❶。真正的知己是很难遇的，也许一生都碰不到，前人慨叹："相识满天下，知交能几人？"人生如果能够遇到真正的知己，哪怕只有一个，也就可以满足了，鲁迅赠瞿秋白一联云："人生得一知己足矣，斯世当以同怀视之。"

交朋友要区别益友损友，这是孔子早就提醒过我们的❷，不过我以为这前提仍是自己，什么样的人，就会选什么样的朋友，而且不仅你选人，人也选你，所以最后总是气味相投的人凑在一起，好人必有益友，坏人必有损友，所谓"物以类聚，人以群分"。好人而多损友，坏人偏多益友，这样的事情是不大可能发生的。社会上常常看到不同的朋友圈，

---

❶ "知己"的"知"就是因理解而欣赏的意思，并非只是简单的认识、知道。

❷ 孔子曰："益者三友，损者三友。友直、友谅、友多闻，益矣；友便辟、友善柔、友便佞，损矣。"

一圈人大都进取,各有成就,而另一圈人则大多沉沦,各有劣迹,这是理有必然,一点都不奇怪。

我庆幸自己一生交了不少好朋友,同龄的,年长的,年轻的,同性的,异性的,都能维持着长久的友谊,而且大多是优秀的人,有成就的人。我珍惜他们,这是上帝赐给我生命中最美好的礼物。

好德与好色

孔子曰："已矣乎！吾未见好德如好色者也！"

可见"好色"是天性，"好德"则不是天性；正如"慈"是天性，"孝"不是天性；"利己"是"天性"，"利人"不是天性一样。何以"好德""孝""利人"并非天性，却被称为"善"？因为这些是"群"所需要的，人类的理性能够理解保己必须同时保群，才不至于为禽兽所灭。因此人能够在理性的指引下超越天性而培养出"好德""孝""利人"等善行，即道德。这也即是人之异于禽兽的地方，也即是人能战胜禽兽而为万物之灵的原因。孟子曰："人之异于禽兽者几希！"就是感叹人若不守住这一点理性之光，也就跟禽兽没有多大差别了。

天性无须教育，道德则须教育，所以孔子说："性相近，习相远"，即是此意，"性"者，天性也；"习"者，道德也，后天所习得者。人的天性都差不多，但后天的教育不同，所习不同，于是人与人的道德水准就可以相差很远，所谓"人之相去如九牛毛"（语出《晋书·华谭传》）。鲁迅感叹，人和人的差别有时比人和禽兽的差别更大，这是实在的。教育之重要也即在此。道德比天性更高，但并不与天性相悖，其实是为了更好地发展天性。因为"群"与"己"都得到保障，每个人的天性才能够更充分地发挥。所以提倡道德也绝不是、绝不须消灭天性，宋儒"存天理，灭人欲"之所以不通就是不明此理。"存天理"是为了更好地满足"人欲"，绝不是为了消灭"人欲"。"天理"即从"人欲"见之，无"人欲"则无世界，"天理"又何所用之？"文革"中"狠斗私字一闪念"其实就是宋儒"存天理，灭人欲"的翻版，历史已经证明了它的荒谬。

天性比道德更强而有力，是不可违抗的，道德表面上与天性抵触而深层则是天性的守护，只有理性高的人类才可明白此点，但仍须教育。

孔子并不反对天性，他感叹的是没有人彻底明了道德之重要，没有人把道德发挥到如天性一般的强度，人的理性很少能达到如此的高度。孔子此语的原意是说："好色"很自然，如果一个人"好德"也跟"好色"一样，该多好啊，那才是真正的"人"啊。后世有些人把孔子的话歪曲为好色是不好的，好德才是好的，结果只是造成许多口是心非的伪君子而已。

《大学》云："所谓诚其意者，毋自欺也。如恶（音务）恶（读本音）臭（音嗅，气味），如好（读去声）好（读本音）色。"也是同样的意思。讨厌恶臭（臭味），喜爱好色（美色），是人的本性，难道有人喜欢大便讨厌鲜花的吗？如果硬要这样说（的确有人这样说，只是不如此直白而已），那只能是自欺，而目的是为了骗人。可惜这个世界上自欺欺人、口是心非的伪君子还并不少呢。

原始儒家并不讳言"好色"，除上引两例外，亚圣孟子也说过："好

（读本音）色，人之所欲……知好（去声）色，则慕少艾（年轻的美女）。"可是不知什么时候开始，"好色"两字却变得声名狼藉了，被人骂为"好色"是很难听的话。战国末年楚国有个叫宋玉的写了一篇《登徒子好色赋》，说登徒子的老婆很丑，而登徒子居然跟她生了五个孩子，是"好色"，其实登徒子根本没有资格被称为"好色"，以孟子的标准来看，他恰好是不知"好色"为何物，登徒子不过是性欲强旺而已。登徒子误背了两千年的"好色"之名，而"好色"也与"性欲强旺"画上了等号，"好色"这两个字大概也就从那个时候起跟着倒霉了。其实，岂但"好色"是人之天性，就算"性欲强旺"也不是什么丑事，"饮食男女，人之大欲存焉"（孔子语），性欲强不过跟饭量大差不多，有什么好指摘的呢？宋朝理学兴起以后，既然要"存天理，灭人欲"，那么误与"性欲强旺"画上等号的"好色"自然就变得更罪过了，正人君子避之唯恐不及。然而，人的天性是多么顽固，老天爷既然不想消灭人类，也就不会去掉人类"好色"的天性，嘴里骂"好色"而心里向往"好色"的伪君子在中国社会里多得去了，鲁迅《肥皂》中的四铭正是一个这样的典型，难怪他老婆骂他："'咯支咯支'，简直是不要脸！"

九月十日是大陆的教师节（不清楚为什么定这一天），后天，即九月二十八日，是台湾的教师节（孔子的生日），所以最近常常收到一些我两岸的学生们发来的短信，或送来的小礼品，我都很开心。近来报纸上有不少文章讨论学生到底该不该给老师送礼，有说该送的，有说不该送的。我是赞成派。学生当然应该给老师送礼，就好像儿女给父母送礼一样，这再自然不过。对养你教你的人，在适当的时候送些礼品表达自己感激的心意是必要的，如果连这点表示都没有，这个世界就未免太冰冷无情了，冰冷无情的世界是不适合居住的。和谐社会必须首先要有温情，温情都没有的社会是和谐不起来的。

人是符号的动物，人之区别于其他动物，就是人会使用符号。语言和文字是人类使用的符号中最重要的符号。符号的功能在于它能够表达意义。人类的了不起就因为他能够运用各种符号来表达思想与感情。思想与感情是不具象的、看不见的，符号的作用就在于把这种不具象的、看不见的思想和情感变成具象的、可以看见的符号。思想和感情是稍纵即逝不能保存的,而符号却可以保存。人类使用符号就可以打破空间和时间的局限,而将看不见的、无法保存的思想、情感传递到远方,保存到后世。这就是人类文明能够不断向前发展的原因。其他动物不会使用符号,所以其他动物就只能永远靠本能生存,而无法发展自己的文明。鸟的祖宗不懂得把造巢的方法和经验用符号表达出来(鸟的叫声也能表达一些简单的情感和意义,这里暂不讨论),以供远方的鸟和后代的鸟学习、借鉴,所以现在的鸟巢还跟一千万年前的鸟巢没有两样。人的思想感情需要表达,如果不表达,那么其他的人和后来的人就不能知道,那也就跟鸟相差不远了。礼物也是一种符号,是用来表达感情的。从来不说"我爱你"和"我感激你",也从来不送任何礼物给所爱和所感激的人,而自辩心里多爱多感激,不仅无法令人信服,也没有任何价值,你的爱你的感激也就等于零。

所以你爱一个人,感激一个人,一定要表达出来,或用语言,或用行动,或用礼物。总之,你得通过一种符号表达出来,它才有价值。像孔夫子那么伟大的有教无类的教育家,也曾明白地说过,一个人如果要向他求教,至少要送一束干肉("束脩"),否则他是不教的。因为如果连一束干肉也不送,你就没有求教的诚意,也没有起码的感激之心,我凭什么要教你呢?

符号是用来表达意义的,但符号并不是意义本身,符号和意义之间不可能全等。礼物既然是一种符号,它是用来表达感情的,它本身并不是感情,也不能跟感情画上等号。所以礼物的轻重并不必然跟感情的深浅相当或者成正比。孔夫子的教导难道是一束干肉可以买到的吗?一束干肉只不过表达求教的诚心而已。俗话说"千里送鹅毛,礼轻情义重",礼物的价值在于它所代表的真诚度,而不在于这礼物本身的贵贱。居陋室蓬门的原宪送孔夫子一束干肉，如果富甲一方的子贡也只送一束干肉，虽然都是一束干肉，代表的真诚度却不一样。所以孔夫子说"自行束脩以上"，并没有说每人都交一份相等的"束脩"，因为孔夫子要的是学生的诚心，不是搞今天的学费商品化。《诗经·邶风》有一首《静女》的诗，说两个青年相恋，女子放牛回来，送男子一根茅草，男子也高兴得不得了，为什么呢？因为"匪女（汝，指茅草）之为美，美人之贻"，不是茅草多么漂亮，而是它代表了女子的感情。

中国自古是礼仪之邦，中国传统文化中的主干儒家就最讲究"礼"，当然这个"礼"含义很广，并不单指礼物，但也包括礼物在内，五经中就有《礼记》一经。但是到了今天，中国人却忘掉了"礼"的含义，也不懂得怎样送礼，在送礼受礼的问题上，能够把握适当分寸的人，已经不多见了。有的人反对送礼，认为凡送礼都有谄媚贿赂的成分在内；有的人吝于送礼，不懂得感情需要表达；也有人乱送礼，或者把送礼真当成贿赂。受礼的人也常常忘记礼物只是一种符号，却斤斤计较礼物的轻重贵贱，以此来决定关系之远近以及回报之多寡。各走极端，非狷即狂，很少人能做到"中庸"，恰到好处。而一向被中国人视为蛮夷之邦的西方，在送礼受礼的问题上反而做得比我们中国人妥当。老美喜欢搞party，发起party的人如果没有特别说明"不要带任何东西"，那么一般受邀的人都会带点小礼物，或一瓶红酒，或一个自制的蛋糕，很少有人空手而去，也很少有人送不适当的重礼。我在美国读书的时候就常常感叹，为什么我们中国人反而不如老美懂礼呢？

论『淡泊名利』

"淡泊名利"是句好话,这话常常出现在名人的传记,特别是悼词或诔文中。但也常常使人起疑,一个真正无名无利的平头百姓,是没有人说他淡泊名利的,而一个大人物或者至少一个名人明明已经是大大的有名有利了,却要说他"淡泊名利",多少总有些使人觉得滑稽。更有人把淡泊名利拿来自我吹嘘,甚至说成是不要名不要利,就不仅滑稽,简直可恶了。

考古圣先贤,并不讳言名利。孔子对名很重视,子路问他为政的步骤,他说第一件事就是要"正名",子路笑他迂,他把子路给狠狠骂了一顿。孔子又说:"四十五十而无闻焉,斯亦不足畏也矣。"又说:"君子疾没世而名不称焉。"这就明明是提倡人要出名,一辈子默默无闻是可耻的。作为儒家中心宗旨的"名教"就是"制名以为教",可见名在儒家学说中的重要性。孔子也不讳言利,他虽然有教无类,诲人不倦,但是也明明说至少要收一束干肉(束脩)做学费。墨子则公然提倡功利主义，这就不用多说了。真正比较反对名利的是道家，老子提倡无名，庄子讨厌讲利。但老子之不讲名利其实是以退为进；庄子的不讲名利则比较真诚，但庄子的忠实信徒是不适合生活在这个世界上的，只好做隐士。儒家到了孟子，为了突出"义"，开始排斥"利"，所以"义利之辩"就渐渐变成后世儒家的一个重要命题。其实"义"和"利"在根本上并不是像字面上那么对立，"义"说到底还是"利"，只不过不是一人之利，而是社稷之利，百姓之利而已。汉朝的董仲舒主张"正其谊（义）而不谋其利"，已经有点迂，到了宋儒"存天理灭人欲"，有些人把名和利说成是与"天理"对立的"人欲"，是应当消灭的，这就有点荒谬了。近人蒋经国有一副对联说："计利要计天下利，求名当求万世名。"这话倒是又通达又伟大。

看来名和利的问题还真有好好说一说的必要。人们需要衣服来遮掩自己的"丑陋"，赤裸裸的身体（尤其是生殖器）总是令人难以面对的。为了文明与礼貌，这或许是必要的，但因此就否定裸体之美甚至进一步否定身体之重要，那就荒谬透顶了。名和利的问题，有点与此类似，赤裸裸地倡言名利，的确有点令人讨厌，但谁又能否认名利对于人的重要性？我们一生所做的事除了爱情（注意：不是婚姻，也不是伪爱情）以外几乎无一不跟名利有关，不是求名就是求利，或者名利兼求。古人说："世人熙熙，都为名来；世人攘攘，都为利往。"实在是一语道破实情。求职、升职、升等、升官、提薪、发财、读书讲成绩、比赛争排名，哪一样同名利无关？哪一个人敢说"我不要"？所以求名求利乃是人生常态，没必要遮遮掩掩。故作遮遮掩掩之态的人，往往是瞄着更大的名和利，再不就是酸葡萄。特别是对那些叫人家淡泊名利，自己却一点也不淡泊的人，切不可受骗上当。

这样说来，你就是公然提倡争名逐利啰，你就是反对淡泊名利啰？

是又不然。我只是认为人生在世求名求利本是常态,用不着遮遮掩掩做伪君子,但这并不等于说我认为名利是人生最重要的东西。名利对人的确重要,但要认识到名利的重要性与价值有其限度,人生还有比名利更重要更有价值的东西,例如人格、正义、爱情、健康与快乐。人生如车,名利像两个轮子,人格、正义、爱情、健康与快乐则是坐在车上的主人,没有轮子,人生不能驱动,但车上的主人却更加重要,忘记了主人,整个的车都没有意义,轮子的有无就更不重要了。可惜世上的人却常常只看见轮子看不见主人,重视轮子而轻视主人,甚至为了保全轮子而不惜伤害主人,这可真是本末倒置了。

如果把淡泊名利理解为不要名利,或者把淡泊名利拿来自我吹嘘,做争名逐利的遮羞布,那我是反对淡泊名利的。如果把淡泊名利理解为认识名利有其价值限度,并且懂得要用正确的手段来取得名利,那我是主张淡泊名利的。日前偶撰一联,窃以为可表鄙意,谨录如下,聊博知者一笑:

　　钱够用即可,多多未必善。
　　名有闻足矣,嗷嗷则易污。

论人之相处是处意见不是处身体

关于爱情，台湾青少年中有一句时谚，说："身高不是距离，年龄不是问题。"听者一笑，觉得不过是小孩子们的顺口溜，好玩而已。小孩子们呢，也确实是挂在嘴边说说，真正实行者还是不多。此语近年传到大陆来，成了一句时髦的调侃语，没人当真。每阅报上的征婚启事，往往第一个条件便是：身高须在一米七以上，接下去就是：年龄须在三四十岁之间。可见身高并非不是距离，年龄并非不是问题，尤其是当要结婚的时候。其实还有更重要的问题——工资、房子等等——可以统称为面包问题，只是有时候不便说得太白而已。

其实我是非常赞同台湾青少年的时谚的。那些把身高、年龄列在征婚启事的前两位的人，可以说根本不懂爱情的真谛，甚至也不懂得人生的真谛。这些人之所以落得要靠征婚启事来找老婆、找丈夫，就是在爱情、婚姻、人生的问题上太幼稚了。

如果说身高、年龄跟性欲有关系，那倒是还有点道理。一个正常的男人，看到一个身材苗条正当妙龄的少女,很容易产生性的冲动。反之亦然,一个正常的女孩,看到一个身材伟岸年富力强的男人,也容易产生性的冲动。英文当中有一个词特为描写这种肉体的吸引,谓之"sexy",中文译为"性感",是译得不错的。但是,"性感"、"性的冲动"乃至"性"本身,都显然并不等同于爱情,更不等同于婚姻。性、爱、婚姻三者有密切的关系,但并不是一回事,许多人却常常有意或无意地把它们混为一谈。身高、年龄顶多跟性有关系(何况还不见得),跟爱和婚姻关系其实不大。我们什么时候看到,仅仅因为身高和年龄合适,而爱情美满婚姻幸福的?我们又何时看到,情人分手夫妻离婚主要是因为身高和年龄不合适的?有人断定,唐玄宗跟杨贵妃之间没有爱情,又嗤笑翁帆嫁给杨振宁是图名图利,倘若一个高挑的女人偏偏嫁给一个矮个子男人,就更不知道有多少人在背后指指点点(冯骥才有一篇题为《高个子女人和她的矮丈夫》的小说,不妨一读),这不仅是狗咬耗子,简直就是暴露自己对人生的浅薄无知。

人之相知,贵在知心,不在知手知足知年龄。人之相投,贵在情投,不在手投足投年龄投。人之相合,贵在意合,不在手合足合年龄合。所以汉语中有 "知心"、"知己"、"情投意合" 等语,无 "知身"、"知体"、"手投足合"之词。人之相交,从朋友以至夫妻,心知意合则可以终生相守,心不知意不合,即使相对五分钟都嫌多。所谓"酒逢知己千杯少,话不投机半句多",一点都不夸张。

康有为在《大同书》中论及孝难慈易,有几句话说:"孝难慈易,皆因意见之故耳。不能同意见者则不能同处,能同意见者则易处耳。盖处者,处其意见也,非处其身体也。"我非常赞同。子女最可爱的时期是孩提以至少年时代,一到叛逆的青年时代就令父母头痛了。子女一旦和父母意见不合,要他们孝顺也就很难了。欧美许多人喜欢养宠物,狗呀猫的，就是因为宠物不会讲话，永远不会跟主人意见不合。狗尤其忠顺，永远跟主人保持一致。猫有时还闹点小别扭，搞点独立性。所以狗比猫更可爱，养狗的人比养猫的人更多。有些看破世情的人，或情感受过伤的人，宁肯养宠物也不要子女，或者连婚也不结，并没有什么不可理解的。

但男女之交，却每每从处身体开始，倒是事实。不过，处身体只是初级阶段，必然要过渡到处意见的高级阶段。初级阶段往往比较容易通过（当然也有例外的），高级阶段则往往不易维持。从初级阶段过渡到高级阶段，如果不能实现"软着陆"，婚姻就会出状况了。"七年之痒"（现在已变成"三年之痒"了）之所以常见，很多人都怪罪于人性（尤其是男人）的见异思迁，依我看来其实是两阶段之间没有对接好，没有把身体上的"如胶似漆"发展成为情感上、意见上的"情投意合"。两个人如果情投意合，那么身高跟年龄之类的问题都会变得不重要了。反之，如果不能把身体上的"如胶似漆"发展成为情感上、意见上的"情投意合"，则即使女的美如西施，男的貌比潘安，也免不了有"审美疲劳"的一天。有部美国电影《美得过火》(You Are Too Beautiful For Me) 写一对珠联璧合的中产阶级夫妻，结婚数年之后丈夫还是出了轨，而最令女主角愤愤不已的是，那个"野女人"竟然比自己丑得多。她百思不得其解，问男人："难道我比不上她吗？"男人说："不，你是太完美了。"其实，他们的问题跟美不美无关，跟身体无关，他们的问题出在，处身体好没有发展到处意见也好。"七年之痒"大抵皆属此类。

但身体看得到，意见却看不到，身体是硬体，意见是软体，硬体建设可以立竿见影，软体建设却旷日持久。常人只重视硬体而不注重软体，有远见卓识的人才会深刻懂得软体的重要。但麻烦的是，这软体是两个人的,不见得能相容,即使开头相容,而你建他不建,你建得快他建得慢,也会慢慢变得不相容了。世上佳偶少而怨偶多,或本是佳偶却变成怨偶,其原因盖在于此,而无关乎身高与年龄,也无关乎美与不美。报上常见有女子砸千金以整容,来挽救濒临破产的婚姻,实在是病急乱投医,根本找错了方子。

如何维持激情过后的婚姻

如果不想欺骗自己，那我必须说我对婚姻感到灰心而且寒心。我这里说的婚姻并不是特指，而是泛指，指所有的婚姻，指普遍的婚姻。请正视一下我们自己的婚姻状况，也冷眼看看其他人的婚姻状况，上下左右，到底有多少婚姻是堪称幸福美满的——虽然这样声称的人或称述别人的人也颇不少，但其实大家都明白，那往往是客套、应酬、要面子，敷衍别人，也敷衍自己。"我下辈子还要和你做夫妻"，是的，确有这样的人，但是到底有几个？占全部比例的百分之几？如果大家都诚实的话，我看连百分之一都没有。我们不得不承认大多数婚姻之所以维持着，往往并非情感的因素，而是其他的社会因素：财产、职业、子女、父母、亲戚朋友，甚至仅仅只是迁就自己的惰性，"懒得离婚"，如谌容的一篇小说中所说的。

我承认我是一个婚姻的悲观主义者，我实在不大看好婚姻这种制度，我甚至认为，婚姻也和政府一样，如西方的哲人所说的是一种"必要之恶"（necessary evil），至少在目前是我们无法改变而只能忍受的一种制度。除了原始社会以外，古今中外的人们都生活在婚姻这种制度之中，鲜有例外。可不可以设想人类没有婚姻制度而仍能顺利地繁衍下去呢？不是没有人想过，例如我们中国近代的思想家康有为就曾经在他的《大同书》里设想过未来的大同社会是没有婚姻制度的，男女凭契约同居在一起，而且为期不得超过一年（当然双方同意可以续约），届时就得换伴侣，生下的子女则由社会设幼婴院公养之。其实这倒是一种比较符合人性和人道的办法，可惜是现在还无法实现，不过在某些发达国家已颇有尝试这种办法的趋势，报载在法国社会目前已有43%的男女选择同居而不结婚，看来康老先生的设想也并非是不能实行的和遥不可及的乌托邦，不过这个办法要在目前的中国实行起来还是相当困难的，至少我们这辈人不大可能看到。

那么我们怎么办呢？在新的制度到来之前我们有没有办法使我们的婚姻变得美好一点？或者说差强人意一点？或者说可以忍受一点？

大抵婚姻出现问题很少是在新婚不久之后，西方说"七年之痒"，男女的激情平均可以维持七年左右，在这七年之内婚姻状况是不会太糟糕的，不过现在西方科学家已经把这期限缩短到三年，甚至据说有一年半的，好像这"痒"也同我们社会的发展速度成正比。这不难理解，婚姻的双方犹如行驶在海面的两艘船，要美满和谐，就必须方向一致，速度一致，但两艘船各有各的发动机，各有各的舵手，如何能够长久地保持方向和速度一致呢？这几乎是一个"不可能的任务"（impossible mission），最佳的解决方案是去掉一条船的动力系统，绑在另一条船的后面成为驳船，这样就和谐美满了。如果办不到也至少要使一条船成为另一条船的附庸，跟在后边，随时调整自己的方向和速度以配合前面那条船。旧式的婚姻往往比今天的婚姻更稳定，其原因盖在此。不过这是以牺牲女人的权利为代价,而今全世界女权高涨,有多少女人甘愿做附庸呢?所以新式婚姻比旧式婚姻更不稳定也就不足为奇了。世界越前进,男女越平等,个体意识越强烈,离婚的速度也就越快,这大概是不难预测的。

面对这种现实,既不能改变婚姻制度,又还想建设一个较稳定的婚姻关系,在我看来这只有调整我们的观念一法,即我们对婚姻要有一种新的看法。今天的婚姻应该是两个平等独立的人建立在情感基础上的合作关系,而非隶属关系,双方在婚前是平等的,各自具有独立的人格、思想与情感,这一现代文明人的本质特征,不应因为婚姻而改变,即两个人结婚之后应当仍然是平等的,且也应当各自维持自己独立的人格、思想与情感。所以,婚姻中的任何一方无权要求对方屈服于自己的意志,也无权视对方为自己的"禁脔",不仅应当承认、而且应当尊重对方的独立人格、思想与情感。婚后的男女双方应当仍然享有各自的经济自由与社交自由,包括结交异性的朋友在内。唯有这样婚姻才不至于成为双方或一方的监狱。

时代变了,但是许多人,至少我们中国人的大多数,观念却没有变,总是在不同程度上视婚姻为一种隶属关系,而且许多人认为这是理所当然,因为据说爱情是排他的、自私的、独占的。这显然是一种不文明的落后观念。爱情是不是天然地具有排他性、独占性?这问题本身就值得讨论,至少并没有谁提出过确切的科学根据。虽然在男女相悦的时候,的确会说出"我是你的"这一类的话,但那只是激情中的呓语,至少只是主观的意愿,并非客观的事实。其实任何人都不应当隶属于其他人,每个人在人格上都是独立的,在思想和情感上都是自由的,这是现代文明人的起码标志。视婚姻为隶属关系则必然导致婚后一方或同时双方都失去独立与自由,生活在一种被监视的状况之中,于是婚姻便从甜蜜的天堂逐渐异化为可怕的监狱，甚至地狱，而一切婚姻的悲剧与婚姻暴力实皆导源于此。唯有视婚姻为平等的合作关系，互相尊重对方的独立人格，尊重对方的经济与社交自由，包容对方的缺失（包括所谓的"感情出轨"），才能使激情过后的婚姻得以维持相对的稳定。这或许只是一个折中的办法，而非彻底解决问题之道，但是我们既无力改变现存的婚姻制度，那便只有改变我们的婚姻观念，如果既不能改变制度又不想改变观念，那就只有离婚或是待在监狱中继续忍受煎熬了。

出名未必要趁早

张爱玲有句名言："出名要趁早。"随着我的老师夏志清先生捧红了张爱玲之后，这句话也几乎变得家喻户晓。开始还只是在台湾流行，现在则两岸都很时髦了。尤其是在文艺圈中，更是被许多人奉为圭臬。

我也欣赏这句话，因为说得坦白，不做作。其实很多人都想说，但没有张爱玲那个胆量。同时这句话也说得很实在，名出得早，利跟着来，一生风风光光，当然比无名小卒要精彩得多。如果名出得晚，虽然总比不出名要好，但毕竟是甘蔗已经啃到根部，甜则甜矣，无奈所剩无几何。尤其是现代某些行业，出名不早，则简直没有戏唱，例如模特、运动员、演员，晚了，就花枝凋零，风华不再，只能改行做别的。

最重要的还是人生年光有限，少壮能几时？若不趁早扬名，则 "年一过往，何可攀援？"（曹丕语）设想曹丕四十岁还没有当皇帝，历史上就没有魏文帝了；设想诸葛亮二十六岁还没有出山，三国的形势可能就大不一样,诸葛亮本人能否成为"万古云霄一羽毛",恐怕也大可存疑;设想王弼二十四岁尚未注《老子》、《周易》,恐怕中国历史上就少了一个名列前几名的伟大哲学家了。这种例子举不胜举,尤其在"人生七十古来稀"的旧时,人若出名太晚,说不定就永远没有机会了。太公八十遇文王,古今两三千年毕竟也只有这一例啊。

但是张爱玲这句话可质疑的地方也很多。且不说出名早晚并非能由你自己说了算,更令人起疑的是,就算出名早了,就真那么好吗?且以张爱玲自己为例,她的《传奇》出版时声名鹊起,那时她还不到二十四岁,出名不可谓不早矣。但令人意外的是,张爱玲此后的岁月过得一点都不幸福。飘零异国,穷死他乡,身后遗体几天以后才被人发现。而最最令人遗憾的,是她在文学上似乎也江郎才尽,再没有出现过什么惊世的作品。说得刻薄一点,如果她在二十五岁就死掉,几乎丝毫不影响她在中国文学史上的地位。张爱玲并不是一个孤例,古往今来这样的例子还不少,张爱玲总算是有成就的名家,更多的人是像彗星一样,只是眨了一下眼就不见了。"小时了了,大未必佳",真还大有人在,古之仲永,今之宁铂,皆令人慨叹不已。

还有,人出了名,好处固然不少,但坏处似乎也同样的多。第一条,是很容易成为众矢之的,雅一点说是"誉满天下,谤亦随之"、"木秀于林,风必摧之;堆高于岸,水必湍之"。俗一点说就是"人怕出名猪怕壮"、"枪打出头鸟"。第二条,是掌声多了,鲜花多了,常常生活在镁光灯下,如果定力不足,难免飘飘然,昏昏然,顾盼自雄,忘了自己到底有几斤几两。第三条,是开会多了,握手多了,电话多了,名片多了,从此失去了自我的空间,更无法潜下心来再读点书,加点油,充实一下自己。出名前就饱读诗书,志刚气足,像孔明那样,以后即使不再读书(这样的人反而会继续读书),也无大碍。如果出名之前准备做得不够,志大才疏，出名之后不再加油，其结果就免不了变成赵括或是马谡。第四条，即使纯粹从自我的角度看，出名太早也未见得是什么很好的事。一个人出名之后，往往变成公众人物，从此失去隐私，走在路上被人指指点点，好像很出风头，实则不胜其烦。尤其是演艺圈的明星，总免不了成为狗仔队的捕捉对象，叫你无所逃于天地之间，连跟异性搂抱一下也立刻成了绯闻。那种生活实在只能用四个字形容：不堪忍受。

有人会问，照你这么说来，人出名不早不好，早了也不好，那么到底如何是好？我的回答是：早一点出名或晚一点出名，其实不是问题的关键，问题的关键是，要出名就要出实名，即根底扎实的名，有真才实学的名，是实至名归的名。不能出虚名，出假名，出浮名（污名、恶名则不在此文讨论之内）。至于出名的早晚，就随缘吧，不必太急，甚至出不出名也都不必太在意。陶渊明说："不戚戚于贫贱，不汲汲于富贵。"孔子说："不义而富且贵，于我如浮云。"又说："富而可求也，虽执鞭之士，吾亦为之。如不可求，从吾所好。"我想对年轻的朋友说，抓住少年时光，切实充实自己最要紧，是金子总会发光，是花总会开。"不患人之不己知，患其不能也。""不患莫己知，求为可知也。""不患无位，患所以立。"（皆孔子语）千万不可为了出名，不择手段，背叛自我，委屈自己，那就比不出名还要糟糕。

如何卖自己

这个题目是从洋文（How to sell yourself）硬翻过来的，所以中国人听起来未免有点不入耳，在欧美则是很普通的，甚至可以说是很流行的。其实在今日之中国，这话虽不好听，但这话所代表的事实却已经很普通，甚至很流行，说不入耳，说难听，恐怕还是有点面子观点在作祟，在中国有许多事是只能做不能说的，"卖自己"也属此类。但以西风东渐之速，我预料不久的将来"卖自己"三个字也会渐渐变得入耳起来，好听起来。

中国传统上是一个重农轻商的社会，商为四民之末，所以中国人向来好像不喜欢"卖"字，跟"卖"联在一起的词语，几乎全是负面的，如卖友、卖交、卖国、卖笑、卖身，无一不是贬词，至于"卖自己"，更是不可思议，所以从来就没有这种说法。古语说："自炫自媒，乃士女之丑行。"自炫自媒都是丑行，何况自卖呢？如果真的非说不可，也要说得文雅一点，最好不要用这个"卖"字，例如《孟子·万章篇》有句话说："自鬻以成其君，乡党自好者不为。"这里自鬻就是自卖,虽然古雅一点,但也不是什么好词。至于孔夫子讲的"沽之哉,沽之哉! 我待贾者也。"这个"沽"也是"卖",这里的待贾而沽,倒真有点卖自己的味道,但这话是自比为美玉,待贾而沽的目的是求见用于世,以便为人民服务,跟后世说的"学成文武艺,货与帝王家",意思差不多,但也毕竟不好简约为"自沽"、"自货"。当然,如果你真是孔夫子那样的大圣人,或是岳飞那样的大英雄,即使自沽自货,甚至自鬻自卖,也都无不可,那是可以"又当别论"的。

近年来中国社会进步神速,已从农耕社会迈进了(或正在迈进)商品社会,要发财就要靠做买卖,令人艳羡的大款都是商人或准商人("准商人" 是我发明的词,泛指那些虽非商人却也靠买卖发迹的人), 风气所被,无论是文人雅士,贩夫走卒,人人都勇于自炫自媒,自沽自货,乃至于自鬻自卖,朋友们、同伙们也跟着起哄,凡女人(只要不是鸡皮鹤发)都称为美女,凡男子(只要不是两袖龙钟)都称为帅哥,能写几个大字就是书法家,读了几本古书就是国学大师,总之,好像人人都是一块美玉待贾而沽,令人有满街都是圣人之感。最好玩的是政客,尤其是靠竞选为生的台湾政客,那股自炫、自媒、自沽、自卖的劲儿真叫人佩服不已。我在台湾就接过一张竞选人的名片,是三折的,两面都是"光荣履历",第一条就骇然写着"某某幼儿园歌舞比赛第一名",接着是"某某国小百米赛跑第二名",如此等等,真是美不胜收。还有一位竞选人,竞选广告上注明是"谢东闵(台湾前副总统)的外孙的表哥",至于"陈水扁的学弟"、"吕秀莲的学妹"之类,那几乎就随处可见。欹欤盛哉,台湾人才之多也!

我有时觉得自己未免有点古板,有点不合时宜,既然中国社会已经从农耕社会进入到商品社会,买卖就是最常见的事,什么都得买,也就什么都可以卖,"自己"为什么就不能"卖"呢? 民主社会本来人人都是圣人,孔夫子既然可以待贾而沽,我们自然也可以,何况既然生活在商品社会中,何人又能自外于买卖?整个社会都在卖,你自然也得跟着卖,你要想不卖都不行。比如说要找工作,就得写一份漂亮的履历,告诉别人自己有多少亮点,如何值得买,否则老板怎么会雇你?就是贵为大学教授,每个学期也都会接到一大堆表格,要你作自我评价,这些表格细到参加什么学术活动、在活动中扮演什么角色(例如主持、发表论文、讲评论文、参加座谈等)、有何表现等,全要密密麻麻地缮写,你如何能不自炫自卖?你想不自炫自卖都不行。我有一次烦了,在一列横栏的表格中,竖着大写四个字"记不得了",事后想想,觉得未免太意气用事,自己虽然快意,在别人眼里,只会得到"狂傲自大"四个字的评语。而且再想想,你毕竟是教授已经升到了顶,才敢如此放肆,如果是个小青年求职,你还敢不借此把自己好好地炫耀一下,论斤论两地自卖,以求得个好价钱?

所以我现在郑重地劝告年轻后生,一定要学会如何卖自己(You have to learn how to sell yourself),这是商品社会的规律,没什么好脸红的。何况你卖的是自己,总比卖假药、卖黑心猪肉、卖毒品要好,比卖官鬻爵、收受贿赂更不知要好多少倍。当然你如果格外要好,最好在卖自己的时候也做一个诚实的商人,是几斤就几斤,不要掺水,是什么货色就什么货色,不要假冒伪劣。是孔子便自称美玉,是岳飞就自称好汉,用不着太谦虚。怕的是以阳货而自称孔丘,以李鬼而自称李逵,那就不是太好,因为假话总有穿帮的一天。

借不望还，施不望报

人生在世，如何处理钱财，是一个必须学习的课题，许多痛苦，甚至灾难，皆因钱财处理不当而起。我想讲两个我自己的小故事，来谈谈我在钱财问题上的态度，或可供青年朋友们参考。

我在台湾政治大学教过一个马来西亚的侨生，叫廖冰凌，是个女孩子，长得不算漂亮，成绩也不是特别优秀，所以我教了她一年却没有什么印象。有一天一个姓郑的女生来找我，也是马来西亚的侨生，这个学生因为原来找过我几次，所以比较熟悉。她走进办公室坐下来，嘴巴嗫嚅着，一脸难以启齿的神色。这孩子出身贫苦，一边念书，一边打几份工。我以为她有什么事要找我帮忙，就说：

"茱莉，你有什么事就直说吧。"

不料她一开口却说："老师，你记得廖冰凌吗？"

"印象不深，怎么了？"

"她被英国爱丁堡大学研究院录取了。"

"是吗？那很好啊！"

"好什么好，她没钱去念。"

"为什么呢？"

"她父亲年轻时代是一个激进的大学生，后来被学校开除，从此流荡半生，一直找不到一个好职业，前几年病死了，母亲也多病，姐妹三个，连生活都有问题，如何拿得出学费去英国读书？她妈妈到处向亲戚借贷，到现在还差十万块（新台币），她妈妈昨天赶到台北，母女俩抱头痛哭，想不出办法，不知老师可不可以帮她们忙？"

我听了很讶异，不是为冰凌感到难过，而是为茱莉的仗义而感动。十万块，也不算一个小数目，是我当时一个半月的薪水，不过我是拿得出来的，就答应她："可以。"茱莉说冰凌的妈妈会亲自来找我。

第二天上午，一个中年妇女走进了我的研究室，瘦瘦的，皮肤黑黑的，是典型的马来西亚华侨。她说明来意，满脸是羞愧的神色，连说不好意思："我们将来一定还给老师。"我从抽屉里拿出准备好的一沓钞票给她，她坚持要写个借条，我说不必，但她还是写了。

七年以后，冰凌在爱丁堡大学完成了硕士学位，又转到新加坡大学拿到了博士，最有趣的是，她居然又回到台湾，在台湾找到一个大学教职。有一天她突然打了一个电话约我吃饭，谈到这些年来的求学经历和家庭状况，然后郑重其事地从提包里拿出一个厚厚的信封，交到我手里，说："老师，我很庆幸自己没有辜负你的期望，今天终于可以把这笔钱还给你了。"那时我正患忧郁症，常常心情低落，那天晚上却居然觉得很高兴，为冰凌，也为自己。其实这笔钱我早就忘记了，现在拿在手里倒像是发了一笔小财。

还有一件事也发生在那件事前后。一天我突然接到一个老朋友从大陆打来的电话，说他因为正在做一笔生意，需要三万块美金（相当于新台币一百万元，是我当时一年的薪水）周转，问我能不能借给他，他说很快就可还我。我当时手头上也还是可以挤得出来，但是我觉得倘若这位朋友生意失败还不起，我很难接受这笔损失，所以我对他说："你最好想别的途径调资金，你知道我不做生意，手头钱有限。当然万一你实在周转不来，你再打电话给我，我再想想办法，看能不能帮你一部分。"后来那位朋友没有再打电话来，可能是他已经通过别的途径借到了钱，或者也因为我的婉拒让他不快。我并不后悔自己的婉拒，即使因此而使这位老友不快，也就只好如此了。幸而这位朋友也理解我，我们的友谊并未因此而损伤。我后来想如果我当时勉强借给了他，而他的生意又碰巧失败了，我们的友谊恐怕也就难以为继了。

在这两件事上，我处理的态度不同，但原则是一样的。我对于钱财的态度是：只要钱出了我的手，我就不指望它再回来。所以钱如果数目太大，不是我所能损失的，我就宁可不借。如果不是借钱，而是送礼，或者资助，我的原则也是如此，必须在我所能损失的范围之内，但一经拿出，我就再不去想它了，绝不指望回报。打肿脸充胖子，讲哥们义气，明明损失不起，却又心不甘情不愿地借出去，借出去之后还念念不忘，还钱慢了就心生怨恨，在我看来这是既折磨别人又折磨自己的极不明智的事情。尤其是送礼或资助，心心念念想着别人回报，而且最好是回报超出自己送出的，那跟做生意、买股票有什么区别?有一句话说："助人为快乐之本。"但如果是这种助法，那收获的就不是快乐而是痛苦了。

借而望还，不如不借；施而望报，不如不施。这是我在钱财问题上的一个基本态度。

人不可自满，但可以骄傲

喜欢评论人物大概也是人的天性之一，普世皆然。但中国人好像特别擅长此道，传统源远流长。汉末魏晋时代，此风最为发达，还出了不少专家，专以评论别人为职业。例如著名的许靖、许劭兄弟，就非常认真地把评论人物当做事业来做，不仅给乡党人物一个一个作出评语，还要每个月根据这些人物的表现更改评语，这就是有名的"月旦评"。甚至连曹操这样的枭雄在没有出名之前，都要缠着许劭给他下个评语，这样就有了"治世之能臣，乱世之奸雄"这两句名言，一直流传至今。没想到这种传统到了近代大有发展，月旦评已经被系统化、组织化、现代化，我们每个人从小到大，几乎要不断地经过层层叠叠的、花样繁多的月旦评，小到班主任的评语，大到单位鉴定、组织结论，莫不是月旦评的一种延伸。

我对这一类的月旦评向无好感，但想要避免却几乎不可能。公开的月旦评倒还没有什么，最恐怖的是那些秘密的月旦评，你完全不知道它说些什么，却掌握着你的生死大权，而且被密封在一个牛皮纸袋里，跟着你的屁股走到天涯海角，如影随形，到死方休，甚至到死不休，简直没完没了。"文化大革命"当中为了批判牛鬼蛇神，这些秘密的月旦评往往有意无意地被写到大字报上，我这才知道，我长久以来一直是有特务嫌疑的内控对象，简称之为"特嫌"。这样的东西真是百口莫辩，你自己根本无能为力，它却可以让你一辈子触尽霉头。此类事恐怕是无法可想，只要人类一天不终止战争和权力争夺，大概也就永远不会消失，只要看中外间谍片之流行不衰，即可知矣。

如果月旦评是公开的，其实倒无所谓，本人可以分辩，他人可以查证，就没那么可怕了。我这个人从小到大几乎都有一条公开的评语，怎么甩也甩不掉，叫"骄傲自满"。后来干脆不甩了，但我还是要辩几句，我觉得这个评语不仅对我很不准确，而且也不适用于其他人，因为这个评语从根本上就有问题。

"骄傲自满"这四个字，现在常常被人连在一起使用，成了一个成语。说一个人"骄傲"，几乎就要连带说"自满"，仿佛二者不可分割，窃以为这实在是大误。骄傲就是骄傲，自满就是自满，二者并不必然连在一起，骄傲的人不一定自满，自满的人不一定骄傲。把骄傲跟自满放在一起，好像凡骄傲的人必自满，凡自满的人必骄傲，其实是没有什么道理的。且我进一步认为，自满是要完全否定的，人不可以自满，自满不会带来任何好处，只会带来坏处。中国最古老的经典《尚书》就说过"满招损"这样的名言。至于骄傲，则要视情形而定，有的时候人不仅可以骄傲，简直就必须骄傲。

自满是自我满足，觉得自己的坛坛罐罐都装满了，再不需要增加什么了。这就很糟糕。人的坛坛罐罐，尤其是知识的坛坛罐罐永远不会有装满的时候，自以为满了，就不再装了，人就停止了前进，停止了进步。许多人离开了学校就不再读书，五六十岁了，对人生的体验还跟二三十岁时没有多少区别。他们拒绝接受新的东西，拒绝更新自己的观念，很多人对社会上出现的新词都不理解，自己甘心做一个LKK（"老佝佝"的英文拼音缩写，台湾年轻人的流行语，称呼那些跟不上时代的老头），这是不足为训的。我有一个好朋友，年龄比我大不了几岁，学问做得非常好，但直到现在连信用卡都不会用，每回取钱都要亲自到银行去跑一趟。我很喜欢他佩服他，但这一点我实在替他难过。

骄傲是觉得自己不错，看不起别人。听起来这当然是不好的，但其实不可一概而论。如果一个人因为富有而瞧不起比自己穷的人，或者因为自己地位高而瞧不起比自己地位低的人，或者因为自己聪明、漂亮，而瞧不起比自己笨比自己丑的人，这是不好的，甚至令人讨厌的，所以孔子说："如有周公之才之美，使骄且吝，其余不足观也矣。"但是，如果一个人自己是一个坦荡的君子，瞧不起那些龌龊的小人，自己是一个正正派派的好人，瞧不起那些蝇营狗苟的坏人，这有什么不可以呢？不仅可以，根本就应该。如果没有这一份骄傲，如何能够维持自己的人格，跟小人、坏人区隔开来？同一个孔子，前面批评了骄傲（因地位、才、美而骄傲），但在另一个地方他却斩钉截铁地说："噫！斗筲之人，何足算也？"对于那些如斗如筲的小人坏人，表示了极大的鄙薄。你说孔子这个时候的骄傲当不当有呢？

所以我说，人不可自满，但可以骄傲。当然不是乱骄傲，要有可以骄傲的本钱，如果自己就是个小人坏人，而以窃取的地位、钱财骄人，这种人就连提都不值得提了。

我的人生八字经

鲁迅说人生在世,第一是要求生存,第二是要求温饱,第三是要求发展。这自然是颠扑不破的真理。可是"温饱"之后的"发展"究竟包含些什么内容,鲁迅没说,大概是考虑到人各有志,无法统而言之。有的要当官,有的要发财,有的要出名,有的要妻贤子孝,有的想兼而有之,所谓"X子登科"(妻子、儿子、房子、车子、位子、票子……)是也。我要的略有不同,只是八个字,不妨称之为八字经,就是自由、快乐、尊严、成就。下文略加分说。

第一,自由。自由分两层:首先,我要我的行为由我自己的理智与感情支配,而不是受任何其他人的指挥,除非我心甘情愿。其次,我要精神思想自由,这个基本上就是陈寅恪先生所说的"独立之精神,自由之思想"。我无法忍受任何人控制我的思想,我也无法忍受任何特定的意识形态规范我的思想。我基本上不绝对崇拜什么人,也不绝对信仰什么理论,如果我崇拜什么信仰什么,那也是经过我理智的自由选择。我最不能忍受的就是任何人企图干涉我的自由,包括行动与精神的自由。当然,我爱自由,别人也爱自由,我的自由以不损害他人的自由为前提。

第二,快乐。我认为人生的根本目的就是寻求快乐。如果人活着不快乐,那活着干什么呢?追求快乐与幸福绝对是每个人的天性与天赋权利。以任何途径追求快乐与幸福都是正当的,前提是要尊重别人也有同样的权利,所以不能以损害别人的幸福与快乐为基础。最好的社会就是大家都快乐的社会。

第三,尊严。我的尊严绝不允许人侵犯,这个尊严讲的是做人的基本尊严,不是睚眦必报的那种狭隘的、低层次的恩怨。谁要是侵犯了我的这种做人的基本尊严,对不起,我是六亲不认的。

第四,成就。成就感对于我很重要。我是"雁过留声,人过留名"的信徒,我觉得人既然到这个世界上来了一趟,是应该留下一点痕迹的。当然这痕迹可美可丑,比如杀了很多人,也是一种痕迹,杀的人越多,痕迹越醒目,所谓"一将功成万骨枯"是也。我无意留下这样的痕迹。我说的成就感是指把自己的天赋才能尽可能地发挥到最大值,充分地实现自我,别让光阴虚度,别让生命荒芜,这就够了。如果可能,最好能留下一点东西给后世,为我们民族的思想文化传统加一滴水。

以上八字经只是我的追求,绝不敢说"放之四海而皆准",也无意奢求大家跟我一致。

如果有人要问:"必不得已而去,于斯四者何先?"我的回答是:"成就。"如果一生没有什么成就,但是活得自由、快乐,而且有尊严,这也算不错的人生了。如果再问:"必不得已而去,于斯三者何先?"答曰:"尊严。"有时候尊严受损,但还有别的东西值得我们活下去,像韩信钻裤裆,司马迁受宫刑,之所以不去自杀,乃是寄望有一天要死得重于泰山。如果再问:"必不得已而去,于斯二者何先?"答曰:"快乐。"

因为虽然人活得不快乐不如死掉,但如果还有自由,那么,自由中就有一丝重获快乐的希望。如果连自由都没有了,那就真不值得活了,"不自由,毋宁死"。

宁作我

《世说新语·品藻篇》有一个小故事,读起来很有趣,原文是:

> 桓公少与殷侯齐名,常有竞心。桓问殷:"卿何如我?"殷云:"我与我周旋久,宁作我。"

这故事当中的桓公是桓温(公元312—373),殷侯是殷浩(公元305—356)。殷浩与桓温是东晋中期的两大名臣,一文一武,被时人视为朝廷的两大支柱。两个人都出身名门,年龄也差不多,儿时还是朋友,但两人老是暗中较劲。长大后两个人的地位名望都差不多,都一度大权在握,桓温当了荆州刺史,殷浩则做了扬州刺史,荆扬两州在东晋算是最重要的两州。更有趣的是,两人都曾率军北伐,也都没有成功,只是殷浩败得更惨一些,桓温便乘机把他奏免为庶人,使殷浩郁郁而终。上面那段对话究竟发生在什么时候,难以考证,比较可能是两人都已冒头,但还没有到位高权重的时候。桓温的话明显带有一些挑衅的性质，殷浩的话则软中带硬，非常客气地回敬了桓温，不卑不亢，可以说是一等一的外交辞令。

关于殷浩与桓温各有一大堆故事可说，他们二人之间也可以做一大堆比较，但所有他们的故事和他们之间的比较，都不是我这里想要谈的，我喜欢《世说新语》这一则的地方在于殷浩的答语："我与我周旋久，宁作我"，甚至这话是谁说的都不重要，我喜欢的是这句话里所张扬的那一种坚持自我的精神（当然表达这种精神的漂亮辞令也是我所喜欢的）。

"宁作我"是不甘心做你，当然也不甘心做他，而要做我自己。在人群中坚持自我，不羡慕别人，不苟同别人，这不是一件容易的事。太多的人一辈子都没有"作我"。其中大多数是没头没脑地随大流，简直不知道"自我"是什么。还有一些人则是满腹醋意地向往着社会的"成功者"，随时随地准备修改自己，向"成功者"靠拢，这种人内心缺乏自信，也没有做人的原则，他的向"成功者"靠拢并非见贤思齐，而是见钱思齐、见权思齐、见名思齐。这种人根本就没有什么需要坚持的"自我"，他要的不是"作我"，而是"作人"。

总之，"作我"并非一件容易的事。有淡泊之心、有做人的原则、有超然的气概，才安于"作我"；有主见、有勇气、有自信，才敢于"作我"。诸葛亮《出师表》中说："臣本布衣，躬耕于南阳，苟全性命于乱世，不求闻达于诸侯。"这就是安于"作我"。他何以能这样淡定呢？他说"大梦谁先觉，平生我自知。"这就是自信，这就是超然。正因为如此，在刘备三顾之后，他才敢于"受任于败军之际，奉命于危难之间"。只有安于"作我"的人才能敢于"作我"，心中有主心骨，才不会东倒西歪，也无须左顾右盼。

陶渊明以五柳先生自况说："环堵萧然，不蔽风日。短褐穿结，箪瓢

宁作我

243

屡空，晏如也。常著文章自娱，颇示己志。忘怀得失，以此自终。"穷到这样，居然"晏如"，给他一个县长（彭泽令）也不当。为什么？因为不愿"折腰向乡里小儿"，因为"质性自然，非矫历所得，饥冻虽切，违己交病，尝从人事，皆口腹自役。于是怅然慷慨，深愧平生之志"。（《归去来兮辞》序）做人的原则不能修改，"平生之志"不能屈从"口腹"，做一个县长，权、钱、名都有了，但是却没了自我，所以不干。这才是勇于"作我"、安于"作我"的极致。

我因此喜欢殷浩那句话，虽然他不如桓温成功。

卸下面具作自己

　　一个人活得有自信，有原则，不羡慕别人，不苟同别人，敢于"作我"，也安于"作我"，这不是一件容易的事。这个世界上有太多的人一辈子都没有"作我"，很多人也不想"作我"，却想"作人"——做别人、做更"成功"的人。但如果只把话说到这里，我觉得还不够，因为这里还有一层更深的意思没说到，那就是即使能"作我"，不做别人，是否就真正地做了"自己"呢？这其实大可怀疑。

　　是的，在我们一生中每时每刻我都是我，我不可能是别的什么人，但是请仔细想一下，我是我固然没有错，但我是不是在"作自己"，却大有文章。小时候，我做的是父母的儿子（或女儿）；上学了，我做的是老师的学生；工作了，我做的是上司的下级，老板的员工；结婚了，我做的是妻子的丈夫（或丈夫的妻子）；生子了，我做的是孩子的爸爸（或妈妈）；当官了，我要做群众的领导；成名了，我要做社会的楷模……什么时候我做了"我自己"呢？人生在世，要扮演各种各样的角色，也就是要戴上各种各样的面具，而且往往要同时准备几套面具，在不同的场合戴不同的面具。这并不奇怪，这个社会就是这样运作的，每一个参加社会运作的人都须如此，概莫能外。瑞士心理学家荣格（Karl Jung，1875—1961）就花了很多笔墨去论证这些面具（他称之为persona）于人之必要。但是，在每一种面具下面，毫无疑问地，我们都必须压抑一部分自我，甚至大部分的自我。我们常常感到那压抑的自我在挣扎、在呻吟、在呐喊。可是为了生活，为了社会责任，我们的理智强行把这呻吟着的自我、呐喊着的自我（哪怕是部分），硬生生地给压下去，拼命地压，甚至把它压到潜意识的幽暗大海中，永远都不让它冒出头来。

所以我想说，即使不苟同别人，不羡慕别人，有自己的理想，有自己的追求，有自己的个性，但仅仅这样，还未见得就是做了"我自己"。我常常不免悲哀地想：一个人在一生中，真正能做"我自己"而不做别的什么的时刻，是多么的少啊。当然，你可以这样反驳我："人的本质就是社会关系的总和。"人在社会里就是要扮演各种各样的角色，不存在完全没有社会角色的自我。我承认这话有相当道理，但是我还是要反问：我们真的就没有一张不戴任何面具的"素面"吗？如果没有，那么为什么我们在戴那些形形色色的面具时，常常感到有一个被压抑的自己在那里呻吟和呐喊？苏东坡说："长恨此身非我有，何时忘却营营？"每一个心灵敏感的人不是常常都有这样的遗憾吗？

啊，我们什么时候才能放下这所有的面具，做一回真正的"自己"？一位英国公爵在临终前写的笔记中说："统计我过去的一生，真正快乐的日子加起来不超过两个礼拜。"我觉得我非常能够理解他的话。一个人老戴着一张厚厚的面具，怎么快乐得起来呢？

如果不戴面具做不到，那么至少让我们少戴一点，让我们不要时时刻刻都戴吧。让我们选薄一点的面具吧,不要厚得让人窒息。让我们少一点桓温那样的对手吧,让我们一生中交一两个知己,在他(或她)的面前,我们愿意卸下所有的面具,让在人生戏台上疲惫不堪的自己,可以靠在他(或她)的肩膀上,长长地喘一口气。

　　阿弥陀佛,感谢上帝,善哉善哉,阿门!

岂为小伤沮豪兴
——说病

你自信是一个生命力相当强旺的人，但从小到现在却生过不少的病，夸张地说，几乎没有断过。感冒小病上不得台盘，且不去说它。只算那些有头有脸、很有点分量的病，你至少可以数出十几种。

小时候在老家金溪庙，你记得你得过一次白喉，发烧，咽喉肿得老大，痛得连话都不能讲，后来是一个土医生，用一根麦管把他调制的中药吹进你的喉咙，连弄几次，居然也就好了。长大以后，你总是怀疑那医生是不是夸大其词，也许只是一次急性咽炎。但从那以后，你的喉咙就从来没有清爽过，直到现在仍是如此，常常要清喉咙，自己和周围的人都习以为常，但在飞机上、火车上一不小心就引人侧目。每次感冒总是从喉咙开始，这咽喉时不时地肿一下，真像一个老朋友。十几年前，你因为一次重感冒咳嗽不止，照X光，片上有白点一枚，医生说是小时候得过肺结核留下的钙化点。这样看来，那医生说你得了白喉可能也并不太离谱,说不定那同时就得了肺结核,只是农村的一个放牛娃,一个地主狗崽子,哪里管得上这些呢?

不久又得了痢痢,现在的青年大概根本不知道那是什么玩意儿,即使年纪大一点的人大概也是仅知其名而已,而有幸得过的人,也无人把它当做光荣履历,一般是不会轻易告人的,你自然也很少向人提起。此病上了初中还没有好,前后延续了两三年,曾经是你小时候一块真正的心病。如果从此就变成阿Q那样,岂不是连老婆都找不到?

你从小就肠胃不好,上初中时,有一阵子大便带血,常常在吃饭的时候,疼得要弯下腰来抱住餐桌的脚。不久又得了百日咳和鼻炎,鼻子一边不通是常态,有时两边都不通气,那就只好张开嘴巴像浮在水面垂死的鱼一样。到了高中,你的鼻炎和肠胃病仍时常发作,此后差不多就成了你终生的伴侣。尤其是肠胃病,简直比每天见面的lover还要亲密。四十岁以后,你每天都要上厕所两到三次——是大号而非小号。到了现在,像买股票一样,已经增值到每天五六次了。似乎你们兄妹三个肠胃都不好,你妹妹就是在十一岁那年死于痢疾。这支股票会不会再飙升,实在是难以预测的事情。

上了高中不久,你又得了全身游走性的关节炎,严重的时候连课间操都只好请假,站着听老师训十分钟的话也坚持不了。后来碰到一位土医生,用艾灸在你浑身上下烧了三百多个疤,令你想起封神榜里纣王所使用的炮烙之刑。你强装好汉,咬着牙没有哼一声,但你却十分担心这一身疤褪不掉,将来碰到心仪的女孩子,岂不要无"皮"见人?幸亏十年之内居然褪尽,真是青天有眼。不过关节病从此又在你的病历上另立了一个户头,到现在颈椎、肩椎、尾椎无一无病,有时弯下腰来系根鞋带突然腰就不能动了,非十天半月不能好转。

高三时你还得过严重的神经衰弱,后来到你教中学时又演变成神经官能症。你四十岁以后患过两次严重的忧郁症，可能就是导源于此。也是高中的时候，正碰上轰轰烈烈的"大跃进运动"，全民像发了疯似的"大办钢铁"，学校操场上竖起了东一个西一个的土高炉，你和你的同学们突然都变成了钢铁工人，常常接连十六个小时不睡觉。但居然还要坚持早锻炼，每天早上沿着操场跑步，有一次在跑步中你突然心脏剧痛，差一点要休克。你现在的冠心病、心绞痛、高血压，可能就是在那时撒下的种子。

二十三岁那年你在三阳路中学教书，患了你生命中第一次最严重的疾病，可是至今你都不知道它是什么病。你睡不着觉，吃不下饭，精神恍惚，竟然有一种油干灯尽的感觉。最令你害怕的是右侧肝区持续不断地胀痛，肝功能也不正常，你怀疑自己得了肝炎。可是东看西看怎么也看不好，你忧心忡忡以为从此会发展成为肝硬化、肝癌，大概免不了要像颜回那样短命了。不料第二年爆发"文化大革命"，你是三阳路中学第一个被打成牛鬼蛇神的人，关起来，批斗，游街，扫厕所，已经无暇生病了，那病魔居然被轰轰轰烈烈的"文化大革命"吓跑了。不过右肋隐痛从此就没有离开过你，成了你一个小妾，一路陪你到现在，四十多年过去了，还没有一个名分。

一九七二年三十岁那年，你又得了肾结石。你本来毫无察觉，有一天在公车上手里抱着刚出生的老二，突然左腰剧痛，你只得把老二交给你太太抱，她还以为你是偷懒。回到家后痛得你在床上打滚，只得去看医生，走五步就停下来歇一歇，终于爬到医院。医生检查后告诉你是肾里面长了一个石头，不幸又掉到输尿管里，卡在当中引起输尿管痉挛，所以剧痛。除了开刀，别无他法。那时还在"文革"之中，你已经两次被打成反革命，但幸而一年前你已经从牛棚放了出来，说是"事出有因，查无实据"，暂不戴帽，但帽子"拿在群众手里"，倘不老实，则随时可以戴上。不管怎样,你总算有了起码的自由,所以能够进医院看病,而院方居然还收你住院,你心里直呼青天有眼,命不该绝。终于开了刀,取出一个花生米大的石头来,但从此也就在你的左腰留下了一个二十厘米长的疤痕。

文化终于革完了命,你也时来运转,考进了武汉大学研究院,成了新中国的第一批"进士"。在你三十六岁之年,得到这样一个好机运,你能不感激上苍吗?所以你一进武大就一头扎进了书堆,浩瀚的学海让你觉得一天二十四个小时还不够用。但是你却没有想到你毕竟不是一个铁人,考前夜以继日的准备,加上入学后夜以继日的苦读,让你很快就病倒了。那次的病其中有一个很奇怪的症状是脑鸣(不是耳鸣),脑袋里像装了一个小马达,嗡嗡地响,一响便是二十四小时。刚停一天又响,又是二十四小时。如此持续了几个月,你连坐着上完一堂课都觉得异常吃力,你几乎要退学。不过最后还是治好了,是一个按摩师治好的,每次半小时至一小时,从头部到颈椎到腰椎一直到尾椎,连续按摩一百天,居然霍然而愈。从此你迷上了按摩。

一九八一年三月你到了美国。你感谢命运的垂青,你已经年到不惑,你决心抓紧生命的后段,好好弥补你那被残酷夺去的十几年黄金岁月。你贪婪地扑进一个崭新的文化。你已经没有时间可以悠游,你的记性也已经不如从前,四十岁的老学生毕竟不是二十岁的后生,你得加倍努力,你得废寝忘食。顿顿三明治,天天ABC,终于又把你击倒了,这一次是恐怖的忧郁症。一年半来你体验了一种异样的痛苦,一种无法形容的痛苦,这种痛苦甚至远远超过你在牛棚中被关被斗被打的外来的横逆,这是一种从内部彻底摧毁你的意志的可怕的恶魔,这头恶魔又纠缠了你一年又半。

一九九〇年你在不眠不休地撰写博士论文时心脏又出了问题,心绞痛找上了你，从此你得了冠心病，由此导致高血压。这两位小妾看来也跟定了你，是会追随你到生命的最后的。

到台湾教书以后，虽然大部分时间是风尘仆仆地来往于外双溪的山居和木栅的政治大学之间，不上课时，也从来不寂寞，因为腰椎病、心脏病、高血压、肠胃病，这几个忠实的恋人都不忍离你而去，你几乎每个礼拜都要带她们去浏览一下台北市各大医院的风光。

二〇〇三年你母亲去世，老情人忧郁症居然又来找你了。这一次纠缠了你两年之久，直到现在你每天晚上还要为她服药。医生说，你就把抗忧郁药当维他命吃吧，免得复发。

临到你快要退休了，一次因为胃痛发作去照X光和超声波，又让你发现了几个好朋友。医生告诉你，你胆里有一大堆"宝石"，还有一块息肉在陪伴你呢。医生建议你把胆割掉，你没有照办，至今又是三年了。跟这几位新朋友相处尚佳，但什么时候它们会调皮捣蛋可也说不准。

这样逐一地算下来，在你过往的岁月里，几乎就找不到没病的时候，五脏六腑各大系统都得过病（更正确地说是都有病）。若是真把病当朋友当恋人，你的生命还真不寂寞呢。但是大家都把病当做敌人，没有人不害怕生病。你的生命经验告诉你，虽然很难把疾病视为朋友，但却也不一定就是敌人，如实地讲，它既非朋友，也非敌人。疾病就是生命的伴侣，生命是阳，疾病是阴，有阳必有阴，无阴不成阳。人的本能最本质上只有两种，一种是生之本能，一种是死之本能。生命是生之本能的体现，疾病是死之本能的体现。但生之本能跟死之本能正如阴阳一样，是构成一个生命体的两面，缺一便不成其为生命体。

现在有人发明了"亚健康"一词，你觉得这个词挺好，很有概括力。你想补充一句：健康只是相对的、短暂的，亚健康却是绝对的、长期的。绝大多数的人绝大多数时间，其实都是活在一种亚健康的状态中。

有病没有什么可怕,人的一生其实都是在跟疾病相处,真正没病的状态几乎是不存在的。疾病其实也是一种积极因素,它不断地提醒你死之可能和死之必然,也就不断地在提醒你生之有限和生之可贵。从这个角度来看,上文把疾病比作朋友和恋人,其实也不完全是调侃而已。因为有病,所以要更积极地活,更努力地活,一天当成两天地活,有病仍然做成大事业,有病仍然登上最高峰,那才是一条汉子。

三十三年前,你跟一群朋友游黄山。黄山的最高峰是莲花峰,一千八百四十米。登峰前一天,你不幸把脚扭伤了,临到登峰时,你连走路都困难。但你咬了咬牙,扶着一根竹竿,到底还是登了上去。你在上面迎着八面来风,心身畅快,曾经口占一绝:

岂为小伤沮豪兴,扶筇直上最高峰。
长风八面来怀袖,远近青山一万重。

你愿意把这首诗送给所有处于亚健康状态的朋友们。

博与专

两年前，一位复旦大学的同行访台，我们初次见面，席间他问我："唐先生，你是专门搞什么研究的？"我说："古今中外都搞一点。说得好听一点是杂家，老实地说呢，就是万金油。"他狐疑地望了我一眼，就不再问了。我这话虽说有点自我调侃的味道，但也是实情。我在台湾政治大学开的课程，大学部是《世说新语》和《大陆现当代小说选读》，研究所则开《魏晋玄学》与《西方现当代文学理论》，外加一门书法，岂不是古今中外都沾点边吗？业余还写写诗，写写散文。要问我到底是什么专门家，我实在说不上来。当然，我肯定不是数学家、物理学家、医学家，我这个万金油不出文史哲的范围，是只能外用不能口服的。

我在武大读研究生时，有一个老师叫吴林伯，是国学大师马一浮复性书院的学生，他虽然不是我的导师（是易中天、陈书良的导师），但我们师生关系不错。他是研究《文心雕龙》的专家，他就常对我们强调，研究学问要专，他说："如果有人问你研究什么，你说研究古典文学，那算什么？古典文学这么多。你说古代文论，那又算什么？古代文论那么多。你要说研究《文心雕龙》，这才像话。"他说他自己《文心雕龙》读了几十遍，到现在还要每年读一遍。我觉得他的话很有道理。做学问如果浮光掠影，什么都弄一点，是不可能扎实的。我服膺他的话，在基本古籍上扎扎实实地下过若干工夫，比方《世说新语》，至少也读了几十遍，从中得到很多好处。汉代学者"通一经"的办法我是赞成的，一经都不通，而要想成为一个功底深厚的学者，恐怕是没有什么希望的。但现在青年学生乃至某些学者犯此病者甚多，我在政大教书时曾经做过调查，已经读到中文系研究所的学生，却从头至尾没有看过一本古籍的还大有人在，连五千言的《老子》跟一万多字的《论语》都没有仔细地读完过，却要研究中国传统的文化，岂非笑话一个？

但是对吴林伯先生的话，我一方面服膺，一方面又有些腹诽，很怀疑他的老师马一浮先生会不会说同样的话。通一经是绝对必要的，但如果只通一经，而他经皆不闻不问，我也是不赞成的。凡事不可推至极端，推至极端就会变得可笑。钱钟书在小说《灵感》中讽刺那位支那学者，只研究汉文的音韵，连汉文的意义都不懂，接着又挖苦说："获得本届诺贝尔医学奖金的美国眼科专家，只研究左眼，不诊治右眼的病。"语言虽然刻薄，意旨实堪发噱。学问就是生命，把一辈子的生命耗在一只左眼上，这样的专情颇像古代那位洪水淹来都不走，为了不失信于情人，最后抱柱而死的尾生，精神虽然可嘉，于自己于情人其实都太残忍。

古人中我最感到亲近的还是孔子，孔子无论做事做人都很通达。在孔子那里为人跟为学是一码事，学就是学做人。孔子说过："君子不器。"他反对把自己变成一个工具，一个只有某种专门用途的器皿。在孔子看来，关于做人的学问，什么都要懂一点，孔子并没有想把自己变成一个什么专门家。对孔子的这种态度当时就有人不表赞同，达巷党人就笑话孔子，说："大哉孔子，博学而无所成名。"

时代不同了，达巷党人的话现在看来却不得不注意了。一个人生在现代，如果"博学而无所成名"，就不是专家，就没有人会承认你是学者，也当不了教授，虽然"博"，却拿不到博士的学位，更不能成为博导。今天所说的博士就学问而言，其实是"窄士"，而且越窄越好，最好像台湾鹿港的摸乳巷，窄得只能够供一个人通过，两个人就要擦胸了，这样才是世界顶尖级的专家。但是，如果窄成这个样子，也就无人可以跟你对话，恐怕难免寂寞。当年爱因斯坦的相对论出来，据说全世界能够看懂的人不到一打，不知道爱因斯坦当时的感觉如何？这说的当然是极端的例子，咱们又不是爱因斯坦，犯不着为这个操心，但一个普通人的知识面太窄，也常有很尴尬的时候。我就听说过一个制造飞机的工程师居然找不到老婆的故事，因为每次跟女方约会，三句话之后他就大谈其飞机，以炫耀自己关于飞机知识之丰富，女方先是钦佩，继而茫然，终至厌倦，于是逃之夭夭，第二次约会便借故推掉了。

做学问也跟约会差不多，不通一经固然不可，盖不通一经，就拿不到博士，拿不到博士，就没有面包，没有面包，美人就不会赴会；但通一经之后再也不窥他经，每次见面只谈飞机或《文心雕龙》，不要说美人会逃之夭夭，恐怕连自己都会感到厌倦吧。当然这都是把话推到极端，实际上这样的例子是很少的，我只是想借此说明，我们对现代社会分工精细的"专"，以及现在做学问所普遍崇尚的"专"，要有所警醒而已。其实过分的"专"，不仅会令生活变得无趣，也会让"专"本身受到限制，终于"专"不上去。胡适说："为学要如金字塔，要能广大要能高。"这是对的，基础太窄如何高得上去呢？当然，广大也不是广大无边，一个人生命跟精力毕竟有限，不可能什么都学，更不可能什么都专。做学问到一定的时候,到一定的年纪,就要收缩范围,删繁就简,不能再贪多。孔子说:"及其老也,血气既衰,戒之在得。"但在年轻的时候,就早早地分科,早早地画地自限,早早地去钻牛角尖,只研究一个左眼,则害处更大。现代社会,专家越来越多,而通人却越来越少,我是有点杞人忧天的。

两天前,一位青年朋友程功来访。程功是那种今天已经很难看到的"读书种子",才二十三岁,已经留学了法国、英国,下一步准备去美国。他的专业是金融货币,却对文史也很有兴趣,我们谈得很投机。临别时我送他两句话:"以通人自期,不以专家自限。"他走后我觉得意犹未尽,于是写了这篇文章,一起送给他,也送给那些常常问我"做学问到底该博还是该专"的好学的青年朋友们。

在日本洗澡

一九九一年九月初，我在东京待了一个礼拜，住在日本友人四方田犬彦先生家里。四方田和他的太太垂水千惠是我在哥大念书时认识的朋友。四方田在东京有两所房子，这一所在月岛，实际上是他们的summer house。如果要找一个形容词来形容这所房子，那么"小巧玲珑"也许是最合适的。一个厅，一个卧室，一个书房，一个厨房，一个厕所，但加起来可能还不到四十个平米。最好玩的是厕所，很像一个四方形的烟囱，小到刚好容纳一个人，稍微胖一点的人在里面是没法转身的。我那时还不算胖，可是如厕的时候也只能直挺挺地蹲下去，完毕以后再直挺挺地站起来。但里面倒真是干干净净、一尘不染，我毕生没有见过如此迷你的厕所，所以印象特别深刻。我心里正在纳闷等下如何洗澡，厕所里并没有淋浴的设备，即使有，也不知道如何洗才不至于碰到墙壁。四方田好像猜到了我的困惑，吃饭的时候就对我说："吃完饭让千惠带你去公共浴室洗澡。"

饭后，千惠拿出两个小脸盆，里面放着毛巾、肥皂，说："咱们去洗澡吧。"我很好奇地跟着千惠，一面心里想：这日本的澡堂是什么样子？该不会是男女共浴吧？因为我在美国就听说过，日本传统上有男女共浴的习惯，尤其在温泉里，男男女女脱得一丝不挂，在一个池子里泡澡是很常见的事。一家人，父母、儿女泡在同一个木桶里面，一边泡澡一边聊天，其乐也融融。我心里想：难道今天真要见证日本男女共浴的风俗吗？我有点紧张，也有一分窃喜。来到浴室的门口一看，不大，是家庭式的，大门分成两半，都挂着布帘，千惠对我说："左边是男的，右边是女的，等下你从左边进去，我从右边进去。"我突然松了一口气，觉得放松了。同时也立刻有点失落，看来也不过如此，跟中国澡堂差不多，不会有什么新鲜事儿。

我掀开门帘进去，一脚踏进去就是一个四四方方不大的房间，墙壁的四周都是一个个方形的柜子。已经有十来个人在里面了，有的正在脱衣服，有的已经脱了，正把衣服往柜里放。我一时有点不适应，因为跟中国澡堂的格局并不相同，正在迟疑的时候，突然听到一个清脆的女声从头顶上传下来："先生，你可以把脸盆放在架上，把衣服脱下来放在柜里，浴资是五百日元，现在就给我。"我吃了一惊，赶快抬头，这才发现这间房子右边的墙其实只是比一个人高一点的木板女墙，这个墙的隔壁应该就是女子的脱衣间，我想千惠大概就正在隔壁脱衣服吧。女墙上横着架了一张桌子，一个打扮得很漂亮的中年妇女正坐在桌子后边椅子上，她对我讲完话以后又扭头向隔壁，显然在对那边一个女子讲话。我立时觉得尴尬起来，原来我们这些男人要在这位女士的面前，在她的炯炯目光下脱掉上衣，脱掉裤子，脱得一丝不挂，然后手中拿着五百块日元，伸手交给她，她则俯身把钱接过去，放在抽屉里，然后她再转身向另一边，用同样的姿势从一个跟我一样脱得一丝

宁作我

259

不挂的女人手中接过钱,放进抽屉里。然而这收钱的女子却满面微笑,从从容容,左右逢源,视两边这些脱得赤条条的男女如无物。没有办法,我只好照她的吩咐,在她的面前脱衣脱裤。我心里怦怦直跳,一定是满脸通红,因为这毕竟是有生以来第一遭,我还要多锻炼几次才能适应。

我跟着其他人,把衣服放好后拿起自己的脸盆,掀开另一扇门的帘子进到第二间。发现这是一间长方形的小屋,沿墙钉着一圈木板台,板台不高,上方有十几个龙头,板台下放着一个个的小板凳,一些男人正坐在板凳上洗头洗脸。我可以想象隔壁也是同样的世界,那么千惠也和其他的女人一样在低头洗发洗面。我也挑了一条小板凳坐下来开始洗。我发现这种洗法很舒服,洗完头再洗脸再洗身子,又爽快又轻松,而且整个房间是那样的干净,没有任何异味。

我本来以为在这里洗完就可以起身用浴巾擦干,然后回到刚才的更衣室里换上衣服,但是我很快就发现错了,因为别的洗好的男人并不回到原来的更衣室去,而是把脸盆留在架子上,然后撩开另一扇门的门帘走到另一间房里。我很好奇,于是也跟着走。掀开门帘,我才发现这第三间房是一间大浴室,上面冒着热气,显然是温水。我还注意到,我所看到的显然只是这个浴池的一半,中间有一块并不高的木板,架在澡堂的上边,底下是空的,上面也是空的,我看着这半边池子里泡着若干男人,当然很快就可以推想,另一半澡堂里正泡着千惠和其他女子。如果我的个子有一米八九高,我大概就可以探头从木板上面一览隔壁的风光。但男人们头上都顶着一块湿湿的毛巾,闭着眼睛,静静泡在水里,脸上一副很享受的样子,看不出任何人有窥探的欲望。

泡完澡回到第二间,擦干身体拿起脸盆,又回到第一间准备穿衣,一时竟忘了衣服在哪一个柜子里,忽然那清脆悦耳的女声又响起来了，说："先生，你找衣服吗？"我这一惊非同小可，因为那女声已经不是我进来时同样的女声，这声音更清脆更甜美，我抬头一看，还是一个打扮得很漂亮的女人坐在台子的后面，但这回却不是一个中年女子，而是一个漂亮的年轻姑娘，十七八岁的样子。我心里怦怦跳起来，看着自己赤条条的身子，突然觉得无地自容，连忙去穿衣服，只差一点没有"颠倒衣裳"。急急忙忙走到门外，千惠已经在那里等我了。

千惠问："洗得舒服吗？"我连忙说："舒服舒服。"其实我有很多问题想问，只是不敢冒昧，怕千惠见笑。一路无话，回到四方田的家里，他正坐在客厅，见我端着脸盆进来，便诡谲地笑笑，说："在日本洗澡这是头一回吧？"我说："是。"他又说："跟你们中国洗澡有什么不同吗？"我这才好意思问他："你们日本男人在女人面前脱光不觉得害羞吗？那个女人也不害羞吗？"他哈哈一笑，说："这是职业啊，有什么害羞的呢？病人在医生护士面前不是也常常要脱光吗？医生护士不是也常常要面对脱光的病人吗？"我一时无言。过了一会儿又问："那两个收钱的女人是什么人？"他说："那个中年妇人是女老板，年轻的姑娘是她的女儿，正在念高中，他们家就三个人，这个浴室是他们家开的。有时候女老板负责收钱，有时候男老板负责收钱，女儿放学回来也会帮忙收钱。"我这才明白，原来第一个中年女子是母亲，后来那个小姑娘是女儿。今天只差没见到父亲而已。突然脑子里冒出一个念头，那个男老板还真有艳福啊，岂非"阅人无数"吗？不过想想四方田的话，那个男老板其实也不过像个妇科医生而已，可能早就得了职业倦怠症。我这时才敢大胆地问千惠："听说你们日本传统上有男女共浴的习惯，这是真的吗？"她说："是啊，不过现在已经差不多见不到了。你刚才泡澡的时候，有没有注意到中间的木板啊？"我说："有。"她告诉我，那木板原本是没有的，十几年前才换上一个纱网，就像排球网球的那种纱网一样,那个时候泡澡的男人还可以看到女人,只是男女已经不像从前那样混在一起了。又过了好几年才换上这块木板,现在男人和女人就互相看不到了。"我们日本人觉得身体很自然,洗澡时不需要特别遮掩。"我忽然想起郁达夫的小说《沉沦》,里面说到那时的日本女子裙子里面是不穿内裤的,当时觉得有点不可置信,怀疑是郁达夫瞎编的,现在看来应当是真的了。千惠还说:"日本现在有些地方还保持着男女共浴的习惯。"我想,如果有机会一定要试一试。我以后又去过日本两次,可惜都没有碰到这样的机会,至今引以为憾。

这件事已经过去了十多年,回想起来,仍然历历在目。它让我切切实实地明白了一条简简单单的道理,就是:人可以有各种各样的洗澡法。那么,由此推去,生活方式也一样,政治制度也一样,道德观念也一样,没有必要大惊小怪,把别人都看做异端;也没有必要认死理,把自己吊死在一棵树上。

　　这个题目在脑子里转了很久，今天才下笔，可见我自己对这个问题也没有彻底想透而力行之。直到昨天在报上看到一则消息，说美国联邦航空公司（我多次坐过这个公司的飞机）一名机师在飞行中猝死（说是"自然死亡"，想来应该是心脏病或是脑溢血突发），但幸而副机师很沉着，飞机终于安全降落在新泽西州的纽瓦克机场（我多次在这个机场上下飞机），才决定立刻把这篇文章写出来。

　　从严格意义上说，人生几乎没有任何一样东西是可以事先确定的，唯一可以确定的就是"死亡"。你绝对不用怀疑，死神一定会降临，只是究竟什么时候降临，这你永远不知道，除非你决定立刻就自杀——但是下一秒钟你还可能改变主意。年轻人、身体健康的人，往往觉得死亡是很渺茫的事情，甚至是不可置信的事情，充沛的生命力让他们下意识地认为自己永远不会死，但这无疑是一个可爱的幻觉。上述美国机师当然是属于"很健康的人"之列，飞行员照例是身强力壮，而且经常要做例行体检的,不健康根本上不了飞机。但是死神要他的命,却一点都不体谅他正在驾驶着飞机。我从前有个学生,她的男朋友在跟她跳舞的时候猝死于舞池中,使我这个学生在很多年里一想到这件事就痛哭不已。那位猝死的青年是位大一的学生。

其实我们每个人都明白,死神迟早都会降临,只是我们不敢面对这个残酷的真理,所以宁可不去想它。有一则名人的轶事(对不起,这个名人的名字我一时想不起来)说:有朋友问他,如果人人都不可避免死亡,那么你宁可选择哪一种死法?那名人毫不犹豫地回答:"意外。"我相信这位名人的回答反映了我们大家共同的心理,那就是不愿事先去思考死亡的问题。面对死亡的恐惧与焦虑,大概是人生最大的恐惧与焦虑。我有一个得了癌症而健康地活过来的朋友说:得了癌症的人有一半以上是被吓死的。我相信这话很真实。又有人说:被宣判了死刑的犯人,在等待执行的过程中是最痛苦的。其实,我们每一个还活着的人都可以视为得了癌症的人,只是这个癌症可能拖得很久,也没有那么痛苦。我们每一个活着的人也都同样可视为被判了死刑的人,只是上帝没有把执行死刑的时间告诉你。那把达摩克里斯之剑的的确确悬在你我的头顶上,的的确确每时每刻都可能掉下来,只是我们不敢去想,或不愿去多想而已。

我们也确实没有必要去想它。既然总是要死的,干吗要战战兢兢时刻去想它呢?为什么要做一个匍匐在死神面前的胆小鬼呢?所以,干脆把死亡这件事情忘掉吧。那位名人说"意外"最好,"意外"就是没有想到,没有想到就没有痛苦。其实这个世界上大多数人基本上都在奉行这个原则。

但是忘掉死并不等于死就不存在。我们可以不去想它,但必须在思想深处彻彻底底地明白下面这个真理,就是:每天都可能是你生命中的最后一天。既然如此,有一件事我们就不能不常常想到:我有没有什么事情是一定要在生前办的呢?有没有事情如果没办就会死不瞑目呢?如果有,那么赶快去做吧,说不定明天就可能没有机会做了。我有一个学生,父亲过世几年了,她有一次跟我提到这件事,说她很爱她的爸爸,可是生前都没有好好抱一抱他,至今后悔不已。去年我退休前夕,跟几个学生在校园里散步聊天,她也在其中,她突然停下来对我说:"老师,我要抱抱你。"于是她伸开手臂把我抱住。当时几个同学都似乎有点惊讶,因为这个女孩子平常并不是很开放的。但是我很理解,她是怕我退休回大陆之后再也见不到了,她不愿意重复对她父亲的遗憾。

几年前,我得过一场严重的忧郁症,那起因是因为我母亲的过世。这个世界上时时有人离开,你周围的亲友也常常有人离开,但是只有你最亲近的人的离去,才会让你真正有直面死亡的感觉。我的忧郁症持续了将近两年,最痛苦的时候常常有不知道如何才能挨到下一刻的感觉。我虽然没有认真计划过自杀,但是的确在晚上睡觉之前祷告过:最好明天不要醒来。那时候我就想,要做的事就要赶快做。可是严重的忧郁症让我没有力量、也没有兴趣做任何事情。我于是想,如果我忧郁症好了,我一定要更努力地做事,因为这个时候我才真正地深切地明白到了:每天都可能是你生命中最后的一天。我那个勇敢的女学生的拥抱,让我更坚定了这个念头:赶快去拥抱你生命当中应当拥抱的人和事物吧,不要等到明天。

学书片想

（一）禅宗有三境，书法亦有三境：书法就是写字，书法不是写字，书法还是写字。

（二）学书有三境：无法，有法，无法。苏轼说："我书意造本无法，点画信手烦推求。"这是到了第三境，别误会成第一境。没有经过一、二境，就以第三境自夸，是可笑的。

（三）书美有三度：笔法，字法，章法。三度俱美，方为佳作。古人最重笔法，次字法，次章法；今人则反之，最重章法，次字法，次笔法。

（四）书法是写字，不是画字，更不是做字。书法可以创新，但要在写字上创新，不可借画字或做字来充当创新。（米芾虽有"苏轼画字"之说，盖玩笑语，也与我这里说的"画字"意思不同，识者自知。）

（五）书法是书写文字的艺术。文字是一

在台北寓所观鹰楼写字，左边是好友南京大学中文系教授张伯伟，右边是台北政治大学的博士生曾秀萍。（二〇〇七年冬摄于台北寓所）

种符号,符号必有能指与所指,只有能指而无所指,则不成其为符号矣。某些"前卫"书法"前卫"到完全不可辨识,再美也只能称为一种受中国书法启发而发展出来的某种线条艺术,完全可以自成一门,但不必再称书法,尤其不必再称中国书法。

(六) 技术不等于艺术,但技术是艺术的基础。技术加上才情、天分,才能变成艺术。"池水尽黑"是练技术,没有"池水尽黑",成就不了张芝、王羲之,但也不要以为只要"池水尽黑",便人人都可以成为张芝、王羲之。

(七) 可以重复的是技术,不可重复的才是艺术。写字或可日进,书家难期必成。

(八) 陆游诚佺曰:"汝果欲学诗,功夫在诗外。"此语亦可用于书法。书法家不必天天写字,天天写字不能保证成为书法家。除了天分外,读书多少绝对是决定书法境界高低的关键,古人说"书卷气",实不能贬之为老生常谈。

(九) 康有为说自己"眼中有神,腕底有鬼",不完全是自谦,盖批评人易,自己写好难。然先须眼高,腕才有高的可能,眼高腕低固是常见病,但眼低腕高则未之见也。

(十) 中国书法,篆、隶、真(楷)、行、草五体,各有其佳妙,也各有其用处,但从艺术的角度看,我最喜欢的还是行书(从行楷到行草)。因为行书的笔法、字法、章法最多变化,最容易表现出一个人的技巧、才情与天分。篆书适合印章，隶楷适合匾额，但笔画缺少变化，有些单调，写成一篇，就难免呆板。草书跟行书相去不远，但过于狂放则难于辨识，有时还容易弄虚作假，以狂掩陋。苏轼骂张旭与怀素："颠张醉素两秃翁，追逐世好称书工。何曾梦见王与钟，妄自粉饰欺盲聋。有如市娼抹青红，妖歌嫚舞眩儿童。"语虽近于刻薄，但还是值得警惕。

（十一）中国传统书法有所谓"碑学"与"帖学"之分，晚清包世臣、康有为等人过分提倡魏碑，贬低帖派，我以为是矫枉过正。帖书无疑是中国书法的正宗，因为中国的书法本质上是由毛笔写在纸上的，碑书则是用刀刻在石头上的，是为了保存不得不然。硬要用毛笔写出刀刻的味道，就像硬要用牛拉车马犁田一样，是没有什么道理的。

（十二）"写得一手好颜（柳、欧……）字"，对初学者是赞美，对成名者则是讽刺。

（十三）能自成一家风格，是一个成熟书法家的必要条件，但不是充分条件。并不是每一张有特色的脸都是漂亮的脸。

（十四）官大不见得学问大，名高不见得书法高。大官名人切忌到处题字，要懂得藏拙。几个丑字，悬于广厦通衢，时人偷笑，后世鄙薄，岂非跟自己过不去？

（十五）有人担心电脑普及，书法就会消灭了，我以为不然，汉字只要还在用，中国书法艺术就不会消亡。天之未丧斯文也，电脑其如予何！

（十六）唱歌、跳舞、画画，皆须拜师，唯书法可以不拜师。《论语·子张》曰："文武之道，未坠于地，在人。贤者识其大者，不贤者识其小者，莫不有文武之道焉。夫子焉不学？而亦何常师之有？"这话也适用于书法，只要把"文武之道"改成"书法之道"，"在人"改成"在帖"就行了。

（十七）韩愈说："世无孔子，不在弟子之列。"我学书法从来没有拜过老师，也没有模仿过当代名家，只是向古人学，向古帖学，所以也想跟着说一句："世无王羲之，不在弟子之列。"

（十八）袁枚论王士祯："我与渔洋为友执，不相菲薄不相师。"我欣赏当世许多书法家，认为各有长处，但也都没有达到古代大家的水准，所以也想跟着说一句："我与诸家为友执，不相菲薄不相师。"

（十九）写小字难，写大字更难。能作大字者通常能作小字，能作小字者则未必能作大字。

（二十）能作楷书者方能作行草，不能作楷而作行草，其行草必无法度，尤不耐字字看也。

（二十一）伤其十指不如断其一指，此兵法也，然亦可通于书法，与其篆、隶、真、行、草，诸体皆能作而无一体出色，则不如擅一体也。

在日本明治学院大学举办的"唐翼明书道展"。

(二〇〇三年七月摄于日本东京)

赠字与卖字

　　我喜欢书法，也常常写几个字，甚至还在纽约、东京、台北办过几次书法展，勉强可以算是一个业余的书法家。因此也就常常有人向我索字，我基本上都是来者不拒。但必须是你来求，我不会主动赠送。这并不是因为架子大，因为你来求，表示你欣赏、你喜欢我的字，如果你没有求，而我主动送给你，那是什么意思呢？那岂不等于说：鄙人是个书法家，送一幅字给你，请你笑纳。——对不起，这种事我是不干的。

　　我也从没卖过字。在哥伦比亚大学办展览的时候，就有一个老美表示愿意用一千美元买我一幅字。我说："对不起，中国读书人是不卖字的。"那老美很惊讶，觉得有点不可思议。我的话也不确，其实中国读书人也还是卖字的，近代连齐白石都卖画卖字，闻一多刻图章也要收钱，遑论他人？只能说我自己的思想有些古板，跟不上时代的潮流，总觉得文人落魄了才卖字。我在台湾教书的时候，曾在淡江大学兼任，教了一个学生叫魏明政，人很憨

你和你的书法作品。（一九九九年摄于台北寓所）

厚，又勤奋好学，有一次向我求了一张字，我记得写的是张载的《西铭》。他拿去裱，有一位先生在裱字店里看到这幅字，愿意出十万新台币买下，问这位学生愿不愿意割爱。我这个学生说："这怎么可以？这是我老师写给我的！"后来魏明政把这件事告诉了我，我说："你怎么这么笨？你卖给他呀，然后再请我给你写一幅不就得了。"但其实我心里很欣赏他。因为他知道老师送的礼物是无价的。

我虽然不卖字，但是如果你求我写字，我也帮你写了，你送一点礼物表示你的感激之意，我是收的。礼物不在多寡，那表示你的感激和欣赏。我从台湾政治大学退休前，系里有一位年纪比我更大的退休老师，叫朱守亮，山东人，今年八十四岁了。因为我们都喜欢游泳，所以认得。有一回朱老师对我说："唐翼明啊，听说你要退休了，你一定要给我写张字。酒还是茶叶？你说！"我说："你放心，我一定给你写，酒也不要，茶也不要，你不要增加我搬家的负担。"我后来自然给他写了，但不知道他家住哪里，就请助教转交。过了两天，那位助教居然拿着一瓶酒给我，说："朱老师送的，谢谢你给他写的字。"我当时心里着实开心而且感动，感到老一辈的读书人比现在的年轻人知礼多了。

其实卖字跟卖画一样，没有任何值得非议的地方，在中国传统文人的眼里，书画同源，书法的地位比绘画更高，书法家的地位也往往比画家更高。王羲之在中国艺术史上的地位大概没有任何一位画家能够相比。一个人要成为画家或书法家，几乎要下一辈子的工夫，所谓"池水尽黑"、"退笔成冢"，虽然有点夸张，但也并不离谱。我自己写坏的笔也不下一百支，也可以埋成一个小小的坟堆子，如果天天把洗砚的墨水留下来，也是会有一小池的。除了辛勤的劳动以外，还要才情天分，还要读书万卷，岂是任何一个人都可以成为一个书法家和画家的？现代社会任何劳动都可以也必须换算成价值，那么画家书法家的劳动就例外?画家书法家就不食人间烟火?所以卖画卖字没什么不可以。有时候卖画卖字还有不得已的苦衷,因为你有求必应,那如果求者盈门,岂不要把你累死?

当然,我没到求者盈门的地步,以后大概也不会到。我心里完全明白,卖字卖画其实并不意味着落魄,也没有什么值得非议。但我还是不想卖字。第一,是我并不那么需要钱,不像齐白石、闻一多当年那样急需钱用;第二,说得不客气一点,我的字实在很难定价,一千美元不卖,十万台币我那个学生也不卖,如果我现在自己卖,总不能比这个价格还低吧? 但是如果要比这个价格还高,那么中国现在恐怕也没有几个人想买。也许会有人说,你的字就那么值钱?那么我想回答:对不起,我没想卖给你。如果你是我的朋友,而又很真诚地向我求字,我可以送你,一个钱都不要。如果你自命很懂得艺术,又真的很有钱,又真想买我的字,那就请多准备一点银子吧。字可以赠送,但不可以贱卖,这就是我的原则。

用点状结构代替线性结构

——关于『阅江楼清谈』答玉立（代跋）

我正在写些东西，不敢称之为文学创作，因为创作意味甚少，它绝大多数都取材于我自己的生命经历。至于是不是文学，则需要读者去评论。每天写一到两篇，少则千把字，多也不超过四千，平均在两千字上下。因为家住长江边，每天俯瞰江水川流不息，常常想到孔子，便把这些文章统统称为"阅江楼清谈"。我在哥伦比亚大学作的博士论文就是《魏晋清谈》，对在中国学术文化思想史上延续了四百余年、起过巨大影响的魏晋清谈窃好慕之。后世清谈被误认为是空谈、虚谈，坐而论道，议而不行，虽属误解，我亦不嫌，我也没有指望自己的文章成为经国之大业，不朽之盛事，空谈便空谈，有何不可？自己高兴，朋友读了高兴，斯亦足矣。

我一生颠沛流离，几起几落，又转徙多地，出生于湖南，成长于武汉，留学美国十年，又在台湾教大学十八年，可谓东西南北之人。儿时做过几年贵公子，后来放过牛，砍过柴，插过秧，种过田，当过反革命，关过牛棚，教过中学和大学,也做过报纸主笔。许多朋友说我阅历丰富,不妨写写。其实我自己一直也有个文学梦,十几岁就以文学青年自命,先后发起和组织了两个文学社团,后来虽然走的是学术研究之路,实未能忘情于文学。假我数年,七十以圆梦,可以无大憾矣。

写什么?如何写?是我近年来常常考虑的问题。我在大学里开过小说选读与小说理论的课程,对于现代虚构小说、传记性小说,尤其是长篇,很有一些"异见"。我赞成韩少功在《马桥词典》〈枫鬼〉条中对传统小说的"主线霸权"的批判,他说:

> 我写了十多年的小说,但越来越不爱读小说,不爱编写小说——当然是指那种情节性很强的传统性小说。那种小说里,主导性人物,主导性情节,主导性情绪,一手遮天的独霸了作品和读者的视野,让人们无法旁顾。即便有一些偶作的闲笔,也只不过是对主线的零星点缀,是主线专制下的一点点君恩。必须承认,这种小说充当了接近真实的一个视角,没有什么不可以。但只要稍微想一想,在更多的时候,实际生活不是这样,不符合这种主线因果导控的模式。一个人常常处在两个、三个、四个乃至更多更多的因果线索交叉之中,每一线因果之外,还有大量其他的物事和物相呈现,成为了我们生活中不可缺少的一部分。在这样万端纷纭的因果网络里,小说的主线霸权(人物的、情节的、情绪的)有什么合法性呢?

我也有类似的看法,我一边教学生读小说,一边却越来越厌烦如今数以万计地出现的长篇小说。虚构变成人为的造作,尤其当它们在某种意识形态规范之下的时候,不仅变成了霸权,简直就是滥调,写法也大都千篇一律,堪称创新者实在很少。我一向觉得人的记忆并不是线形的,而是点状的,甚至意识流也不是"抽刀断水水更流"的"流",乃是无数个点组成的"泥石流"。甚至连时间本身也是点状的,而不是我们习惯上想象的线性的。扩而充之,宇宙的万事万物,莫不以点状存在,所谓整体只是点状的集合而已。所以用符号来表现世界(包括时间、空间、万事万物)时,也以点状为宜。比如电影,如果拆开来,它则是无数张照片,快速地、连续地放,就成了电影。又比如梵高一派的印象画,也是以点状来描绘物体,东一个点,西一个点,初不成形,无数个点合而观之,便栩栩如生了。我由此产生一个构想,就是,与其跟着前人的足迹,以大家习见的模式,来写一部长篇的自传性的小说,何妨以无数的短篇代之。兴之所至,思之所至,不拘格式,不计题材,凡我生命之所关涉,或述、或忆、或记、或议,怎么合适就怎么写,怎么高兴就怎么写,不做作,不扭捏,不宣传,不粉饰,不玩弄技巧,不遵循什么特定的法则,不服膺什么特定的理论,只牢记三条古训,一曰"修辞立其诚",二曰"辞达而已矣",三曰"言而不文,行之不远"。

我这样想,也就这样写,还打算再这样写下去,东一篇西一篇,乃至一百篇、两百篇、五百篇、一千篇。初看不会有什么头绪,但积到一定的数量,你就可以看出一个生活在二十到二十一世纪的中国知识分子对宇宙、对社会、对人生的体验与思考。

我活过,我想过,我写过。如此而已。知我罪我,其唯《阅江楼清谈》乎?

家住滨江苑，阳台正对长江，每日望大江东去，波涛滚滚，想起孔子的话，深自惕励，乃名其室曰"阅江楼"，并题二语曰："家临长江此名室，逝者如斯以自警。"